한 권으로 이해하는 미국재정

Disclaimer

이 책은 투자 조언이나 법률조언에 대한 내용은 없습니다.
이 책은 재정정보와 재정교육용으로 만들어졌습니다.
그러므로 이 책을 참고용으로 보시고 판단은 전문가와 함께 결정하시기 바랍니다.

한 권으로 이해하는
미국재정

초판발행일 | 2022년 1월 5일

지 은 이 | 문관훈
펴 낸 이 | 배수현
디 자 인 | 박수정
제   작 | 송재호
홍   보 | 배예영
물   류 | 이슬기, 이우길

펴 낸 곳 | 가나북스 www.gnbooks.co.kr
출 판 등 록 | 제393-2009-000012호
전   화 | 031) 959-8833(代)
팩   스 | 031) 959-8834

ISBN 979-11-6446-046-5(03320)

※ 가격은 뒤표지에 있습니다.
※ 잘못된 책은 구입하신 곳에서 교환해 드립니다.

한 권으로 이해하는

미국 생활에 필요한 모든 재정제도

미국재정

문 관 훈
Daniel Moon

"

미국에서 부자되려면
먼저 이 책의 내용을 이해하라!

"

PROLOGUE

미국 인구의 약 30%를 차지하고 있는 베이비 붐 세대(1946년생 -1964
년생)가 노년기를 맞이하여 은퇴를 하고 있습니다. 요즘 이들을 위한
각종 재정 정보가 오프라인/온라인 할 것 없이 여기저기서 차고 넘
칠 정도로 많이 나오고 있습니다. 그러나 이것들은 대부분 단편적인
정보이기 때문에 자칫 특정 부분만 강조하게 되어 전체적인 재정 플
랜에 혼란을 줄 수 있습니다.

한국에서도 최근 재테크 열풍이 불어 각종 투자/금융 정보가 넘
쳐나고 있습니다. 그러나 이러한 정보는 한국 경제 시스템과 많이
다른 미국에서 살고 있는 한인들에게 도움을 주기에 한계가 있습니
다. 무엇보다도 현지 제도의 기본 원리를 정확히 이해해야 올바른
재정 계획을 세울 수 있습니다. 그러므로 300만 미주 한인들을 위
한 올바른 지침서가 꼭 필요합니다.

요즘 자동차 운전면허를 취득한 아들에게 운전을 가르치고 있습
니다. 아들은 빨리 운전을 배워서 자유롭게 돌아다니고 싶은가 봅
니다. 아들은 운전하는 요령에 대해서는 귀를 쫑긋하며 듣지만 아

빠가 중요하게 생각하는 자동차의 원리와 기초 정비를 가르치려 하면 듣기 싫어합니다. 저는 아들이 그것을 다 이해하기 전까지 혼자 운전하는 것을 허락하지 않을 겁니다. 왜냐하면 그것 없이 오랜 기간 안전운전과 차량관리 하기란 불가능 하기 때문입니다. 재정 교육도 마찬가지 입니다. 본인의 재정 점검과 금융지식 없이 묻지마 주식 투자를 하게 되면 나중에 어떤 결과가 올까요?

이 책은 미국 생활에 필요한 재정제도들을 총망라하여 한 권의 책으로 정리하여 체계적으로 이해할 수 있도록 만들었습니다. 먼저 연방정부 예산의 절반을 차지하는 사회보장제도인 1. 연금제도와 2. 의료제도를 정리하였습니다. 그리고 생활 경제와 밀접하게 연관된 3. 세금제도, 4. 은퇴연금 제도, 5. 금융제도, 6. 대학 학자금 제도를 정리하였습니다. 마지막으로 삶을 잘 마무리하기 위한 7. 상속제도와 8. 장례제도를 정리하였습니다. 여기에는 각 재정 제도들의 탄생 배경, 제도 내용, 금융지식, 그리고 개인이 활용하는 방법들이 들어있습니다.

저는 미국에서 20년간 살면서 직접 경험한 것과 고객 상담을 통해 느낀 점들을 가미해서 미국 재정제도를 알기 쉽고 현장감 있게 설명하려고 노력했습니다. 또한 한국 제도와 비교 설명하여 미국 생활에 관심이 있는 한국 분들에게도 이해하기 쉽게 전달하려고 노력했습니다. 저는 독자 여러분께서 재테크 세부 전략을 세우기 전에 미국 재정제도 전체를 이해하는 눈이 생기기를 기대합니다. 사실 이러한 내용은 학교 공교육에서 가르치지 않습니다. 각자가 삶 속에서 필요한 부분만 터득했을 뿐입니다. 만약 단편적인 재정 지식을 가지고 계셨던 분이 이 책을 읽으면, 폭넓게 사고하여 본인의 재정계획을 올바르게 세우고 실천할 수 있다고 확신합니다. 미국에서 경제 생활하는데 필요한 내용이 여기 여덟 가지 재정제도에 모두 포함되어 있으므로 이 책을 집에 비치해 놓고 계시다가 궁금한 점이 생기거나 새로운 재정계획이 필요할 때 꺼내 읽어보시기 바랍니다. 올바른 판단에 많은 도움이 되실 겁니다.

제 유튜브 채널 캐나다 구독자 한 분과 이야기를 나눌 기회가 있었습니다. 그 분을 통해서 캐나다 경제 제도는 미국의 영향을 받아서 명칭이 조금 다를 뿐 미국 제도와 매우 유사하다는 사실을 알게 되었습니다. 그러므로 이 책은 30만 캐나다 한인 교포에도 유익하다는 생각이 듭니다. 아울러 미국에서 유학, 연수, 주재원, 이민을 계획하고 계시는 분들도 이 책을 읽으면 미국생활에 대해 선행학습이 되어서 준비를 좀 더 잘 할 수 있고 미국 생활 때 시행착오를 줄일 수 있을 것입니다.

"Planning is Everything"이란 말이 있듯이, 내 현재 상황을 정확히 파악한 후, 적절한 계획을 세워서 실천에 옮긴다면 여러분의 삶은 더욱 풍족해지리라 확신합니다.

CONTENTS

사회복지

① 사회보장 연금제도

1 미국 사회보장제도 역사

미국에서 아무리 오랜 기간 일하고 꼬박꼬박 세금 보고를 해도, 본인의 paystub(급여명세서)와 W-2 form에 있는 항목들을 제대로 이해하고 있는 분들은 생각보다 많지 않은 것 같습니다. 그 중에서 OASDI tax 하고 Medicare tax를 가장 모르는 것 같은데요, 이 둘은 Payroll tax 라 부르는 미국 사회보장제도를 운용하기위한 세금 항목입니다.

STATEMENT OF EARNINGS AND DEDUCTIONS
RETAIN THIS FOR YOUR RECORDS. CONTACT YOUR DEPARTMENT
IF YOU HAVE ANY QUESTIONS ABOUT YOUR TOTAL EARNINGS

Employee Name: JOHN QUINCY PUBLIC
Social Security No. 123-45-6789
Check Date 10/25/10

Tax Status:	MARRIED-03	Check No:	123456	Dist Cd:	000

Total Gross Earnings →	1,618.87	Net Pay →	1,223.41	Pay Period Ending →	10/15/10

EARNINGS				REDUCTIONS AND DEDUCTIONS		YEAR TO DATE	
Description	Month	Hours	Gross Pay	Description	Amount	Description	Amount
REG PAY	101	88.00	1,618.87	TIAA CREF	139.42	YTD GROSS	22,202.16
				UNIFORM HLTH	18.00	FIT GROSS	20,466.99
				TOTAL RED	157.42	FED INC TX	1,796.37
						OASI GROSS	22,132.16
				OASI 6.20%	100.06	OASI TAX	1,372.19
				F INCOME TAX	97.17	MED GROSS	22,132.16
				MEDICAL AID	4.72	MED TAX	320.92
				TIAA LTD	9.55		
				SEBB LIFE B1	0.33		
				LIFE B2 SMOKE	2.68		
				MEDICARE1.45%	23.40		
				TOTAL DED	237.91		

THE NEXT PAYDAY IS WEDNESDAY, NOVEMBER 10, 2010.

CONTRIBUTIONS MADE ON YOUR BEHALF	
Contribution Description	Amount
MEDICARE1.45%	23.40
TIAA-CREF	121.42
OASI 6.20%	100.06
MEDICAL AID	10.42
HCA	850.00
TOTAL CONT	737.68

◼ 사회보장제도 세금

 이것은 미국 사회복지 제도를 운용하기 위해 내는 세금입니다. 한국의 국민연금 보험금을 생각하면 이해하기 쉬울 것 같습니다. 내가 은퇴 후 받을 혜택들을 위해 지금 세금을 내는 겁니다. OASDI는 Old Age, Survivors, and Disability Insurance의 약어로서 소셜 연금 세금이라고 하는데, 근로자 급여의 6.2%를 세금으로 내고 고용주가 같은 액수를 국가에 내면 본인 은퇴 후 정해진 액수의 연금을 받게 됩니다. 그리고 Medicare Tax는 근로자 급여의 1.45%를 세금으로 내면 마찬가지로 고용주가 같은 액수를 국가에 세금으로 내면, 내가 65세가 되면 국가 의료보험 혜택을 받는 것입니다. 내가 만약 회사 직원이 아니고 자영업자라면 고용주 몫으로 내는 세금도 본인이 다 내야 합니다. 그러므로 자영업자들은 Payroll Tax 부담이 많습니다. 미국 사회보장제도 세금은 한국의 국민연금 세금보다 높은 것은 사실이나 혜택들이 훨씬 다양하고 액수도 많습니다. 그리고 역사도 오래되었습니다.

◼ 미국 사회보장제도 역사

 미국은 1929년 10월 24일 주식시장 대 폭락으로 시작된 대공황 (Great Depression)으로 경제가 그야말로 쑥대밭이 되어버렸습니다. 1차 세계대전의 승전국으로 세계 최고 부자 나라가 된 미국은 한순간에 병들고 가난한 나라로 전락되고 말았습니다. 1932년 실업률이 무려 35%를 기록했을 만큼 빈곤층이 급증 했었는데 그 해 말 루스벨트 대통령이 당선 된 후로 미국은 뉴딜 정책으로 알려진 새로운 정책으로 경제 시스템을 바꾸려는 시도가 많아졌습니다. 그 중에 하나가 1935년에 도입된 노인과 극빈자들에게 최소한의 생계를 보장해 주는 사회보장법(Social Security Act) 입니다.

History of Social Security	
1935	Retirement Insurance (After great depression)
1939	Survivors Insurance
1956	Disability Insurance
1965	Medicare program (65 yrs old)
1972	Supplemental Security Income: Vietnam War
2003	Medicare Part D(Prescription Drug Coverage)
2013	Obama Care(Affordable Care Act)

사회보장제도는 원래 세 부류 (퇴직자, 실업자, 극빈자)를 위한 것이었습니다. 그 후 85년이 지난 지금까지 이 제도는 다음과 같이 발전했습니다.

❶ 1939년의 최초 개정안을 통해 본인분만 아니라 자녀, 배우자 및 유족 혜택을 추가했습니다.

❷ 1950년대부터 본격적으로 프로그램의 혜택 금액이 크게 늘어났고 수혜자가 증가했으며 1956년엔 장애인 보험 혜택이 추가되었습니다.

❸ 1965년부터는 노령자를 위한 Medicare와 저소득자를 위한 Medicaid로 불리는 건강보험제도가 생겨났고, 제원 마련을 위해 별도의 세금 (Medicare Tax)을 걷게 되었습니다.

❹ 1970년대부터는 장애가 있는 모든 연령대의 사람들도 이 제도의 혜택을 누리게 되었고, 1972년엔 베트남 전쟁으로 인해 베트남 난민을 수용하게 되면서 난민들과 극빈민층들을 위한 추가 연금 정책이 시작되었습니다.

❺ 20세기의 마지막 주요 변경 사항으로 1983년도에는 사회복지 프로그램에서 잉여금을 창출하여 신탁기금 (Trust Fund)을 구축하기 위해 복지 세금이 상향 조정되었습니다. 또한 소셜 연금 수입에 대해서도 세금을 부과하기 시작하였습니다.

❻ 21세기로 넘어와서는 2003년 메디케어에 처방약 보험이 추가되었습니다.

❼ 2013년엔 전 국민 의료보험화라는 모토 아래 오바마 케어 제도가 탄생했습니다.

▣ 국가 ID가 된 9자리 소셜 번호

Chapter 1-1
그림 3

이러한 역사적인 배경 속에서 탄생한 사회보장제도에서 미국인은 소셜 넘버 (Social Security Number, SSN)라는 것을 받았는데, 이 9자리 SSN은 이제 미국에서 가장 중요한 ID가 되었습니다. 한국의 주민등록번호와 비슷하죠? SSN은 원래 퇴직급여를 계산하기 위해 평생 동안의 근로자 소득을

기록하는 용도로만 사용되었는데, 점점 더 많은 정부 기관과 민간 회사에서 이 번호를 ID로 사용하기 시작했습니다. 1962년에는 IRS 가 세금 보고할 때, 1969년에는 군대에서, 이후 운전면허증에서 신용 보고 기관에 이르기까지 광범위하게 SSN가 사용하기 시작했습니다. 또한 집주인, 유틸리티 회사 및 휴대 전화 제공 업체도 SSN을 사용하기 시작했습니다. 따라서 이제 이 9자리 숫자는 태어날 때(혹은 미국 생활 시작할 때) 할당되어 죽을 때까지 추적할 수 있는 국가 ID가 되어버렸습니다.

◼ 사회보장제도의 미래

2020년 가을 대통령 선거전 TV 토론을 보니까 당시 바이든 민주당 대통령 후보가 소셜 연금의 부족한 재원을 마련하기 위해 새로운 조치가 시급하다고 강조하였던 기억이 납니다. 2021년 정권을 잡은 바이든 정부는 여러 가지 관련 정책들을 준비하고 있습니다. 왜냐하면 지금까지 약 85년간 유지된 사회보장제도가 2021년부터 새로운 전환점을 맞이하였기 때문입니다. 이미 연방정부 지출의 약 1/4이 사회보장 연금, 그리고 1/4이 메디케어/메디케이드 비용으로 지출되고 있을 만큼 거대해 졌고, 미국 인구의 1/3을 차지하는 베이비부머 세대가 은퇴를 시작하면서 걷잡을 수 없을 만큼 불어나고있는 사회보장 복지 수요를 지금의 세금 수입 구조로는 감당하기 어렵게 되었습니다.

연방정부는 2020년에 약 6천 5백만 명에게 1조 달러(1 Trillion)를 사회보장 연금 혜택으로 지출하였는데, 이 돈은 바로 근로자의 세금에서 모아진 소셜 연금 신탁기금(Social Security Trust Fund)에서 나옵니다. 이와 같이 소셜 연금은 종량제(pay as you go type) 프로그램과 유사한 성격을 가지고 있습니다. 그동안 소셜 연금은 현금으로 넘쳐났습니다. 수입(사회보장세금)이 지출 (연금혜택)보다 더 많았던 겁니다. 남은 신탁기금은 안전한 국채(Treasury Security)에 투자되는데, 이곳의 2020년 평균 이자율은 2.5 % 정도 였습니다. 이자율이 좀 작죠? 안전한 곳에 투자 해야 하니까 그런 것 같습니다.

그러나 2010년부터는 세금 수입만으로는 감당이 되질 않아 그동안의 이자수익을 사용하기 시작했습니다. 그리고 2021년부터는 신탁기금 원금도 사용해야 하는 상황이 되어서, 전문가들은 이와 같은 것이 앞으로도 계속 이어진다면 2035년부터는 약속한 연금 혜택의 약 79%만 지불할 수 있을 것이라고 지적했습니다.

연방의회는 이러한 현안을 해결하기 위해 최근에 "Social Security 2100 Act"이라고 불리는 정책을 제안했습니다. 이 플랜안에는 소셜 연금 세금 인상이 포함되어 있다고 합니다. 그러나 이것은 연방의회가 할 수 있는 몇개의 옵션 중 하나일 겁니다. 이 외에도 부족한 소셜 연금 재원 확보를 위한 여러 가지 정책 아이디어들이 추천되고 있다고 합니다. 예를 들면 연금혜택 범위 축소, 소셜 연금 민영화 추진, 그리고 Universal Benefits으로 전환 등 여러 방안들이 제시되고 있지만 어느 것 하나도 모두가 만족하는 대안은 아직 없는 게 현실입니다.

그러나 연방의회는 지금의 문제(기금부족으로 2035년 이후 혜택 축소)를 그 냥 내버려 두지 않을 겁니다. 앞으로 어떤 논의 과정을 거쳐 개선해 나가는지 지켜봐야 할 것 같습니다. 한국도 국민연금제도에 대해서 미국과 비슷한 고민을 하고 있는 것 같습니다. 그러나 미국은 적극 적인 이민정책으로 일할 수 있는 젊은 사람들이 많이 들어와 열심 히 근로 세금을 내고 있어서, 인구 절벽과 급격한 노년층 증가와 같 은 커다란 사회문제를 안고 있는 한국에 비해서 형편은 나은 것 같 습니다.

2 소셜 연금 수혜 자격과 연금 액수

■ 소셜 연금 수혜 자격

 한국에서 일하다가 3년 전 미국에 이주한 40대 부부가 있습니다. 그들은 지금까지 미국에서 3번 세금보고를 했는데, 언제부터 소셜 연금 받을 자격이 생길까요?

소셜 연금을 받을 수 있는 기본 자격은 다음의 두 가지가 만족할 때 생깁니다.

❶ 근로소득 액수가 2022년 기준으로 분기 당 $1,510 이상(1 credit)이거나, 일 년에 총 $6,040 이상(4 credits)의 소득 보고를 하신 분들이 해당 연도 소셜 연금 크레딧을 받습니다.

❷ 분기당 1 크레딧을 받거나, 1년 총액으로 4 크레딧을 받아서 총 40 크레딧(10년)을 받게 되면 연금 수혜 자격이 생기게 됩니다.

그들은 지금까지 12 크레딧(3년) 받았으니까, 앞으로 28 크레딧(7년)을 더 받으면 소셜 연금 받을 수 있는 기본 자격이 생기게 됩니다.

소셜 연금 세금

그들은 소셜 연금 세금을 얼마 내고 있나요?

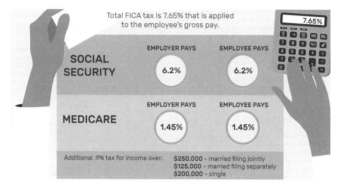

FICA (Federal Insurance Contributions Act) Tax = Social Security Tax + Medicare Tax

　소셜 연금은 근로 소득액의 6.2%, 그리고 메디케어는 근로 소득액의 1.45%를 세금으로 내면 고용주가 똑같은 액수를 매칭해서 국가에 납부합니다. 자영업자들은 본인이 고용주가 되기 때문에 소셜 연금은 12.4%, 메디케어는 2.9%를 세금으로 냅니다. 여기서 한 가지 알아두어야 할 것은 고소득자인 경우 본인 소득 중 $147,000 까지만 소셜 연금 세금을 내는 규정이 있습니다. 이러한 세금의 상한 규정이 있기 때문에 소셜 연금 혜택에도 상한 액수(2022년: 월 $3,345)가 있습니다. 그러나 메디케어 세금의 근로소득 상한 제도는 없습니다. 오히려 고소득자들에게는 0.9% 의 세금을 추가로 더 내게 되어 있습니다. 부족한 소셜 연금 기금 증액을 위해서 바이든 정부는 소셜 연금 세금의 연간 근로소득 상한액을 $400,000까지 올리려는 움직임이 있습니다.

■ 소셜 연금 수령 시기

 그들은 소셜 연금을 언제부터 받을 수 있을까요?

Year of Birth	Full Retirement Age (FRA)
1937 or earlier	65
1938	65 and 2 months
1939	65 and 4 months
1940	65 and 6 months
1941	65 and 8 months
1942	65 and 10 months
1943 -1954	66
1955	66 and 2 months
1956	66 and 4 months
1957	66 and 6 months
1958	66 and 8 months
1959	66 and 10 months
1960 and later	67

위 도표에 나와 있듯이, Full Retirement Age(FRA)에 도달하면 소셜 연금을 신청해서 받을 수 있습니다. 그런데 소셜 연금제도가 생겼던 그 당시 미국인의 평균수명은 63세였는데 요즘은 80세 까지 많이 늘어났잖아요? 그래서 위 도표에 나온 대로 FRA를 점점 늦추고 있습니다. 그들은 아직 젊으시니까 67세보다는 좀 더 늦춰질 가

능성이 있습니다.

한편, 꼭 FRA때 은퇴하지 않아도 됩니다. 2020년에 은퇴하신 분
(1954년생)들을 예로 들면, 이분들은 FRA가 66세이지만, 62세부터
소셜 연금을 신청 해 받으실 수 있었고, 또한 연금 인출 시기를 70
세까지 늦출 수도 있습니다. [그림 3]에 나와있듯이 62세부터 받으
시게 되면 FRA 때 받으실 수 있는 금액(Primary Insurance Amount, PIA)
보다는 적게(-25%) 받으시게 되고 70세까지 늦추시게 되면 받는 액수
가 더 늘어나게(+32%) 됩니다.

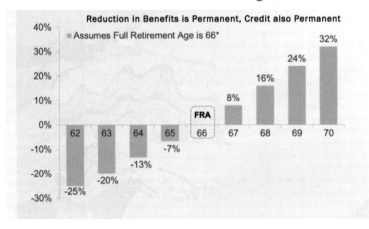

Chapter 1-2
그림 3

■ 근로 소득이 소셜 연금에 미치는 영향

그들은 70세까지 일하고 싶어 하는데,
근로소득이 있어도 소셜 연금 받을 수 있나요?

받을 수 있습니다. 그러나 FRA에 도달할 때 까지는 다음과 같은 수령 금액의 제한이 있습니다.

❶ 내가 만약 FRA에 도달하지 않았는데 연금 신청을 하게 되면 근로소득이 연 $19,560 이하까지는 상관없고 그 이상이 되면 초과액 2불 당 받는 액수는 1불씩 감소합니다.

❷ FRA 당해 연도 태어난 달 전에는 근로소득이 $51,960까지는 상관없고 그 이상인 경우는 초과액 3불당 받는 액수가 1불씩 감소합니다.

❸ FRA 도달한 이후의 근로소득에 대해서는 아무런 제한이 없습니다.

그러므로 근로소득이 있으신 분들은 연금 신청을 가능한 뒤로 미루는 것이 유리합니다. 그들인 경우 소셜 연금을 70세에 신청하시면 $3,345에 32% 더 받아서 한 달에 $4,415씩 받으시게 되겠네요. 그런데 이 액수는 2022년 기준 액이니까 그들이 은퇴할 때는 지금보다 훨씬 많은 액수를 받겠지요?

■ 소셜 연금은 Taxable Income일까?

 그들이 받을 소셜 연금도 세금을 내야 하나요?

네 그렇습니다. 내가 받고 있는 소셜 연금은 다음의 기준에 따라
세금을 냅니다.

❶ 총 소득이 $32,000 (싱글인 경우는 $25,000) 까지는 소셜 연금에 대한
세금은 없습니다.

❷ 총 소득이 $32,000 ~ $44,000 (싱글인 경우는 $25,000 ~ $34,000) 까지
는 소셜 연금의 50%까지 Taxable Income이 됩니다.

❸ 총 소득이 $44,000 (싱글인 경우는 $34,000) 이상인 경우는 소셜 연금
의 85%까지 Taxable Income이 됩니다.

■ 소셜 연금 액수 계산법

 그들이 받을 소셜 연금 액수는 어떻게 계산하나요?

그것은 평균임금, 출생 연도, 그리고 돈을 인출하기로 결정한 나
이를 기초로 해서 계산합니다. 평균임금 기준은 35회 까지 근로소
득 보고 한 금액의 평균값을 기본으로 하는데 만약 35회 이상 (혹은
1,400 크레딧) 소득 보고하신 경우는 가장 많은 금액을 보고한 35회를

사회복지

선택하여 평균값 계산한 것을 기본으로 합니다.

2020년에 연 $50,000의 소득이 있는 62세 (1958년생) **사람을 예로 들어 설명해 보겠습니다.**

❶ 급여의 6.2 %, 즉 일년에 $ 3,100를 Social Security Tax로 지불합니다. 그러면 똑같은 양의 세금($3,100)을 고용주가 국가에 냅니다. 여기서 소득은 소셜 연금 세금을 낸 근로소득을 현재가치로 환산한 Indexed Earning을 의미합니다. 간단한 계산을 위해 35년간 똑같이 5만 불 소득이라고 가정합니다.

❷ 수혜자의 혜택을 결정하기 위해 사회 보장국은 인플레이션에 맞게 조정된 상위 35년을 모두 합산합니다. $50,000 X 35 = $1,750,000. 그 숫자를 420(35년 x12개월)으로 나눕니다. 그러면 $4,166이 됩니다. 이 숫자가 바로 AIME (Average Indexed Monthly Earnings, 35년간 월평균 임금) 값이 됩니다.

❸ 수혜자의 월 수령액 계산은 Bend Points 방정식에 의해 결정됩니다. 이것은 저임금 퇴직자들에게 좀 더 많은 혜택을 주기 위해 고안한 방정식입니다.

Bend 1	$960 이하	90%를 받습니다 ($864).
Bend 2	$960-$5,785	($4,166-$960=$3,206)에서 32%를 받습니다 ($1,026).
Bend 3	$5,785 이상	$50,000인 수령자는 이 영역에 해당사항 없습니다.

❹ 만기 은퇴 연령(Full Retirement Age(FRA), 66세 8개월))까지 기다리면 이분은 매월 $1,890 ($864+$1,026)의 Social Security Check를 받게 됩니다.

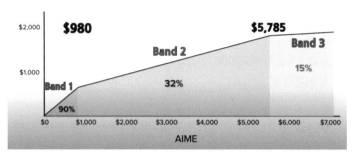

▣ 인플레이션을 감안한 소셜 연금 수령액

 소셜 연금 수령액은 인플레이션을 감안하나요?

그렇습니다. COLA(Cost of Living Adjustment, 생활비 조정)라고 불리는 기준에 의하여 매년 10월에 다음 해 받게 되는 소셜 연금 수령 액수를 결정합니다. 이건 마치 물가 상승률과 비슷한 개념으로, 2021년 10월에 2022년 COLA 지수를 5.9% (2021년은 1.3%)로 정했습니다. 이것은 2022년 소셜 연금 액수는 2021년보다 5.9% 인상한다는 의미입니다. 매년 물가 상승률을 감안하는 COLA 지수로 인해 매년 혜택을 받는 액수가 달라집니다. 그래서 Social Security Administration의 인터넷 홈페이지(www.ssa.gov)에 들어가셔서 매년 업데이트된 상황을 체크하는게 중요합니다.

사회복지

3 소셜 연금 혜택 범위 : 배우자, 유가족, 장애인, 빈곤층

▥ 배우자 혜택

지난 챕터는 본인이 내고 있는 소셜 연금 세금과 앞으로 받을 연금 액수에 대해 설명했는데, 이번 챕터는 소셜 연금 혜택 범위에 대해서 설명하겠습니다. 제도 초창기엔 소셜 연금 혜택 범위가 극빈자들과 노인들을 대상으로 시작하였는데 혜택 범위가 배우자, 유가족, 장애인으로 점점 넓어졌습니다.

배우자가 받을 수 있는 소셜 연금 혜택은 어떻게 되나요?

배우자 연금 혜택은 결혼 생활 1년 이상 유지 하였으면 받을 수 있습니다. 배우자 본인도 일해서 소셜 연금 세금 납부로 받을 수 있는 연금 혜택과 배우자 연금 혜택 (배우자의 50%)중 많이 받을 수 있는 옵션을 선택합니다. 배우자 연금 혜택의 자격요건을 다시 정리해보면 다음과 같습니다.

결혼생활 1년 이상 유지. 나이는 최소 62세 이상. 만약 본인의 FRA이전에 신청하셨으면 다음 페이지의 그림처럼 제한적으로 받습니다.

If you are married and collect early, your spousal benefits are reduced.

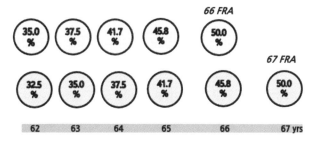

Percentage of Spousal Benefits

66 FRA

| 35.0% | 37.5% | 41.7% | 45.8% | 50.0% |

67 FRA

| 32.5% | 35.0% | 37.5% | 41.7% | 45.8% | 50.0% |

| 62 | 63 | 64 | 65 | 66 | 67 yrs |

  이혼 했어도 배우자 연금 혜택 받을 수 있나요?

전 배우자와 10년 이상 결혼상태 유지 하였고 본인이 재혼 하지 않았으면 배우자 연금혜택을 받을 수 있습니다. 세부적으로 살펴보면 다음과 같습니다.

❶ 전 배우자의 재혼 여부는 상관없습니다.

❷ 물론 본인 연금 혜택이 더 많으면 선택하지 않을 수 있습니다.

❸ 전 배우자가 사망하면 미망인이 받을 수 있는 수령금액으로 전환됩니다.

유가족 혜택

 배우자가 사망하면 남은 유가족이 받는 혜택이 있나요?

9개월 이상의 결혼 상태를 유지했으면 받을 자격이 생깁니다. 그런데 60세까지 재혼하지 않아야 합니다. 이 혜택에 대해 자세히 살펴보면 다음과 같습니다.

❶ 미망인 수혜조건에서 조기수령나이는 60세입니다. 지체부자유자는 50세부터 받을 수 있습니다. 그리고 16세 미만의 자녀를 부양하는 경우는 나이에 상관없이 연금혜택 받을 수 있습니다.

❷ 미망인의 나이에 따라 배우자가 받았던 소셜 연금의 71.5% – 100% 범위 내에서 받습니다 (아래 그림 참조).

❸ 미망인의 미성년 자녀들도 18세(19세 고교생)까지 받을 수 있고, 만약 장애 판정 받으면 18세 이상이라도 받을 수 있습니다.

❹ 유가족 연금 혜택이 한 가족당 최대 150~180 % 까지만 받을 수 있습니다.

❺ 유가족 수혜조건에서 사망이 후 6 이상의 크레딧 (1년 반 이상) 받아야 하는 조건이 있습니다.

소셜 연금 혜택 비율	
100%	사망 배우자와 생존 배우자 나이가 모두 FRA이상인 경우
71.5~99%	생존 배우자 나이가 60세에서 FRA사이인 경우

① 사회보장 연금제도

71.5%	생존 배우자가 지체 부자유자이어서 신청 나이가 50~59세 사이인 경우
75%	생존 배우자가 16세 미만의 자녀를 양육할 경우, 수혜자가 18세 미만이거나 지체 부자유자 자녀인 경우
75% & 82.5%	수혜자가 62세 이상의 부모인 경우, 부모 중 한 사람일 경우는 82.5%, 부모 두 사람 모두가 수령자일 경우 각각 75% 수령

▣ 장애인 혜택

 장애인 연금혜택을 받으려면 어떤 조건이 필요하나요?

  신체 부자유자로 인정 받는 시점에 아래 그림의 나이별 크레딧을 받았으면 장애인 연금(Social Security Disability Income, SSDI)을 받을 수 있습니다. 또한 Medicaid 의료보험 혜택도 같이 받을 수 있습니다. 그러나 발달 장애인은 나이, 근로 크레딧에 상관없이 혜택을 받습니다.

장애인 연금 수혜 조건	
24세 미만	6 Credit
24~31세	(장애인이 된 나이-21)/2 × 4 Credit 예 29세 : (29-21)/2 × 4 = 16 Credit
31~42세	20 Credit
43세 이상	(21 + 나이 초과 숫자) Credit 예 43세 : 21 Credit / 45세 : 23 Credit

발달 장애인 가족을 둔 가정은 어떤 혜택이 있나요?

중앙정부에서 톱 다운 형식으로 일률적으로 운영하는 한국과는 달리 미국은 주정부와 지역단체등이 협력하여 사회복지 혜택 뿐만 아니라 다양한 교육지원 프로그램들을 독립적으로 운영하고 있습니다.

❶ 해당 지역의 Regional Center에 방문하여 등록하면 Medicaid와 여러 프로그램 지원을 받는 등 차 후 관리를 받습니다.

❷ Social Security Office에도 등록하여 장애인 연금 혜택을 받습니다.

▣ 빈곤층 혜택

 주변에 형편이 어려우신 노인들이 받고 있는 Supplemental Security Income (SSI)은 무엇인가요?

그것은 65세 이상의 저소득자(Limited Income & Resources), 발달 장애 아동(18세 이하), 맹인으로 인정 받았을 때 받을 수 있는 생활 보조금 (Supplemental Security Income, SSI) 프로그램입니다. 자세히 살펴보면,

❶ 연방정부가 주는 연금과 각 주정부가 추가로 주는 연금을 합해서 받습니다.

2022년 캘리포니아 지역의 예	
연방정부	CA주 정부
$841 (부부: $1,261)	$200 (부부: $400)

❷ 주정부에서 운영하는 저소득자의 무료의료보험제도인 Medicaid 혜택도 추가로 받습니다.

❸ Social Security Tax & Trust Fund 로 운영하는 소셜 연금과 달리 SSI는 U.S. Treasury General Fund 로 운영합니다. 소셜 연금은 납세자의 권리로 받는 국가복지혜택이지만 SSI는 저소득 노인들에게 주는 정부의 특별 정책이므로 국가의 정책과 상황변동에 따라 매우 유동적인 복지 혜택입니다.

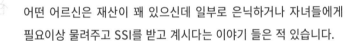

어떤 어르신은 재산이 꽤 있으신데 일부로 은닉하거나 자녀들에게 필요이상 물려주고 SSI를 받고 계시다는 이야기 들은 적 있습니다.

SSI는 소셜 연금 수혜 자격 여부와 상관 없이 받을 수 있기때문에 실제로 많은 해외 이민자들이 이 제도의 수혜를 받고 있습니다. 그러나 SSI혜택을 받기 위해 재산을 축소해서 위장 신고를 하는 경우가 많아서, Social Security Administration에서는 매년 까다로운 조건과 엄격한 감사로 많은 분들을 적발하고 이들에게 많은 위약금을 요구하므로 조심해야 합니다. 무엇보다도 정직하게 법을 지키며 살아가는 태도가 중요합니다.

이 제도는 다른 사회보장제도와 차이가 분명히 있습니다. 많은 사회 보장국 홍보 원들이 이 부분에 대해 분명한 경고를 하고 있습니다. 이 혜택을 받고있으면 여행도 자주 못 다닙니다. 잘못하시다가 Audit에 걸리게 되면 굉장한 어려움을 겪게 되실 겁니다. 이것은 거짓으로 세금보고 하다가 IRS의 Audit에 걸리는 경우와 비슷합니다. 그리고 자식 믿고 무리하게 본인이 땀 흘려 만든 자산을 물려줬다가 나중에 어려움을 겪었던 사례에 대해서 소셜 오피스 홍보원으로부터 들었던 기억이 납니다. 정말 필요한 사람이 이 제도의 혜택을 누려야 할 것 같습니다.

4 소셜 연금 신청 방법과 한국연금제도와 비교

소셜 연금 신청 방법

나의 소셜 연금 정보는 어떻게 알 수 있어요?

예전에는 가까운 소셜 오피스 (Social Security Administration Office)에 직접 방문해서 알아봐야 했었는데, 요즘엔 온라인으로 대부분 확인할 수 있습니다. 소셜 연금 홈페이지(www.ssa.gov)에 들어가서 계좌 만들어서 로그인하여 들어가 보면 본인의 소셜 연금 상황을 확인할 수 있습니다. 먼저 My Social Security 사이트에 들어가서 Social Security Statement를 꼼꼼히 챙겨 보세요. 예전에는 매년 우편으로 배달되었는데, 요즘은 소셜 연금 홈페이지에서 본인이 직접 확인하는 것으로 바뀌었습니다. 여기에는 은퇴연령(FRA)때의 예상 연금 액수와 장애 연금, 유족연금, Death Benefit ($255), 그리고 Medicare혜택에 대한 정보가 나옵니다. 뒷장에는 본인이 그동안 세금 보고한 근로소득 액수가 나오니까 이것도 꼼꼼히 보세요. 이 외에도 각종 사회보장혜택과 은퇴 플랜에 관련된 유익한 자료들이 많이 있습니다.

근로소득이 없는 전업주부는 어떻게 되나요?

전업주부가 본인 계좌에 들어가 보면 아무런 기록이 없을 겁니다. 그래서 걱정하시는 주부님들이 간혹 계십니다. 그러나 전업주부의 연금은 근로 기록이 있는 배우자의 소셜 연금에 의해 산정되니까 걱정하실 필요는 없습니다. 그래도 은퇴연금 이외에 다른 혜택들도 있으니까 파트타임이라도 근로소득이 있으면 좋을 것 같습니다.

나중에 소셜 연금을 포함한 사회보장제도의 각종 혜택들을 받고 싶을 땐 어떻게 하면 되나요?

소셜 연금은 때가 되면 자동으로 나오는 것이 아니기 때문에 본인이 직접 신청해야 합니다. 가장 일반적인 방법은 가까운 Social Security Office에 온라인 예약을 하시고 관련 서류를 준비해서 방문신청하면 됩니다. 일반적으로 준비하는 서류로는 SSN card, State ID, Passport, Birth Certificate, W-2 form or Tax Return Form, Bank information 등이 있습니다. 대부분의 Social Security Office는 별로 친절하지 않고 대기시간이 매우 길기때문에 온라인으로 할 수 있는 것들은 온라인으로 진행하고, 나머지는 미리 예약을 하고 오피스에 방문해서 처리하면 시간을 많이 절약 할 수 있습니다.

■ 한국의 국민연금제도와 비교

한국에서 일하다가 3년 전 미국에 이주한 부부가 있습니다. 그들은 한국에 있었을 땐 국민연금에 가입했고, 지금은 미국에서 소셜 연금 세금을 내고 있습니다. 그들은 은퇴 후 양국의 연금 혜택을 받을 수 있을까요?

대한민국에서는 국민연금이라는 사회복지제도가 1988년 1월 1일에 탄생하여 처음엔 제한적으로 시행되다가 1999년 4월 1일부터 전 국민으로 대상이 확대되어 본격적으로 시행 되었습니다. 혜택 범위는 미국의 소셜 연금과 비슷하여 은퇴연금, 배우자 연금, 장애 연금, 유족연금 등이 있습니다. 국민연금은 소셜 연금보다 세금을 적게 내는 만큼 혜택 범위도 적습니다. 은퇴 기준 연령도 미국보다 적은 데요, 예를 들어 1965년생이면 은퇴연금 받는 기준 나이(64세)가 미국(67세)보다 낮습니다.

미국 연방정부의 Social Security Administration에서 소셜 연금제도를 운용하듯이, 국민연금은 한국 정부의 국민연금공단에서 운용하고 있습니다. 국가에서 신탁기금(Trust Fund)형식으로 운용하기때문에 시장경제의 불확실성에 영향을 덜 받고 노후의 안정적인 고정수입원으로 활용할 수 있는 장점이 있습니다.

미국 소셜 연금 수혜 대상자가 한국에 영주 귀국하여도 연금 혜택을 계속 받을 수 있습니다. 그러나 메디케어 혜택은 받지 못합니다. 한국에 영구 귀국하게 되면 미국 세법상 Non-Resident Alien

신분으로 분류되어, 받고 있는 소셜 연금의 25.5%(85% x 30%)를 매년 연방 소득세로 원천징수 됩니다. 그리고 한국의 국민연금 가입자가 미국에서 영주권 취득 후 일정 기간이 지나면 한국에서 납부한 국민연금 보험료를 일시금으로 반환 받을 수 있습니다. 그러나 미국의 소셜 연금을 해외 영주 귀국을 해도 일시금으로 반환해 주는 제도는 없습니다.

이중 납세 면제, 그리고 국민연금과 소셜 연금에 대해 양국 기간을 합하여 혜택 받을 자격을 부여하는 한미 사회보장 협정(Totalization Agreement)라는 제도가 2001년에 채결되었습니다. 이로 인해 Ⓐ 미국의 파견 근로자, 주재원, 연수자(L & J VISA)들은 미국의 소셜 연금/메디케어 세금 납부 의무가 없어졌습니다. Ⓑ 한국에서 국민연금 가입 기간이 1.5년이 지나고, 미국에서 소셜 연금 6 크레딧 이상 받게 되면 이 협정의 혜택을 받아서 한국 국민연금과 미국 소셜 연금 혜택을 연계해서 동시에 받을 수 있는 자격이 생깁니다. 이 협정에는 한국의 공무원/군인/사학 연금은 포함되어 있지 않습니다.

한국과 미국 양국 연금을 동시에 받게 되면 WEP (Windfall Elimination Provision, 중복 지급 배제 조항)에 의해 미국 소셜 연금 혜택이 조금 줄어들 수 있습니다. 그러나 아직까지 한국의 국민연금은 이러한 조항은 없어서 정해진 연금 액수를 다 받을 수 있습니다.

한국의 국민연금제도가 본격적으로 시행 된지도 벌써 20년이 지났습니다. 85년 전 노년층과 사회적 약자층 (극빈자, 유족, 장애인)의 빈곤

문제를 해결하기 위해 만들어졌던 미국 소셜 연금제도가 그동안 많은 성과를 거두었던 만큼, 미국 제도를 벤치 마켓 해서 만든 한국의 국민연금제도가 노인 빈곤문제를 해결하는 사회보장정책으로 발전하기 바랍니다.

② 사회보장 의료제도

1 US Healthcare System
- 미국의료비용은 왜 이렇게 비싸졌을까?

미국의 의료비용(Medical Bill)은 전세계 가장 비싼 것으로 유명합니다. 특히 1980년대 이후로 다른 선진국과 차이가 많이 나기 시작했습니다 (그림 1). 그래서 많은 미국인이 치료를 위해 해외로 가도록 만들고 있습니다. 2019년 AJMC (American Journal of Managed Care)에 의하면 지난 10년간 근로자의 의료비 지출 증가가 임금인상보다 두배

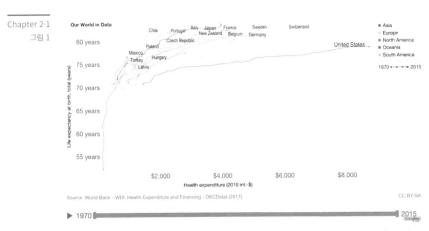

출처: World Bank – WDI, Health Expenditure and Financing – OECD stat (2017)

나 높았다고 하니 가파른 상승세를 보이고 있음을 알 수 있습니다. 미국의 의료비용은 왜 이렇게 비싸졌을까요?

미국 Healthcare system은 처음엔 작은 병원의 자선프로그램 형식으로 시작하였지만 오늘날 수십억 달러 규모의 대형 산업으로 바뀌었습니다. 미국 Healthcare System는 ❶ Hospital, ❷Health Insurance Companies, ❸ Pharmaceutical companies, ❹ Physicians, ❺ Pharmacy 로 이루어져 있습니다. 환자가 병원에서 치료를 받으면 다섯군데로부터 복합 처리된 Medical Bill을 받게 됩니다.

◻ Health Insurance Companies

1940년대 이전까지는 Blue Cross와 Blue Shield가 주요 건강보험 제공 업체였습니다. 당시에는 비영리 단체였으며 가입을 원하는 모든 사람을 다 받아줬습니다. 제2차 세계 대전 이후 고용주들이 직장인에게 건강 보험을 제공하기 시작하면서 보험가입 숫자가 급증했습니다. 1940년부터 1955년까지 건강 보험에 가입 한 미국인은 10 %에서 60 % 이상으로 증가했습니다. 이러한 변화는 사업 기회를 창출했고, 기업이 영리를 위해 진출할 수 있게 되었습니다. 그러나 안타깝게도 건강보험은 높아지는 의료비용을 컨트롤 하지 못했습니다.

1950년대에는 Aetna와 Cigna가 주요 민간 건강보험 업체였습니다. 1965년에 존슨 대통령의 서명으로 정부출연 의료보험제도인 Medicare와 Medicaid 제도가 생겼음에도 불구하고 민간 건강 보험회사는 70년대와 80년대에 걸쳐 계속 활기를 띠며 더 많은 건강 보험 시장을 장악했습니다. 병원은 이러한 민간 건강 보험을 가진 환자들을 매우 선호합니다. 그러나 Medicaid 환자는 수익이 별로 나지 않기때문에 선호하지 않습니다.

미국의 의료보험은 아래와 같이 HMO (Health Maintenance Organization)와 PPO (Preferred Provider Option) 형태로 나눌 수 있는데 각각의 장단점을 파악하여 본인이 선택합니다.

❶ **HMO** : 우선 미리 정한 주치의 (Primary Care Provider)와 상담하고, 필요한 분야의 Referral 받은 전문의 (Specialist)의 치료를 받은 후 치료비를 보조해 주는 보험 시스템입니다.

❷ **PPO** : 주치의를 정할 필요 없이(한국과 같이), 본인이 직접 전문 진료 의사를 찾아가서 치료받은 후 치료비를 보조해 주는 보험 시스템입니다.

학교나 직장에서 단체로 가입되어 있는 의료보험을 가지고 있는 경우는 보험료도 저렴하고(단체에서 보조해 주니까), 보험 가입 절차가 간단하고 찾아가는 병원도 좋아하지만, 개인사업을 하여 개인 의료보험을 가지고 있는 경우는 보험료도 만만치 않고 건강 상태가 좋지 않은 경우(Pre-existing condition) 보험 가입이 거부될 수 있고, 병원에서도 거부할 수도 있습니다. 또한 보험이 커버하지 않은 질병인 경우는 치료비가 매우 비싸기 때문에 특수 질병만 커버되는 의료보험 상품도 있습니다. 이와 같이 건강이 좋지 않은 서민들에게 문턱이 매우 높으므로 의료보험이 없는 미국인들이 매우 많습니다.

▣ Hospital

　2차 세계대전 이전까지 소규모 병원이 대부분이었던 미국은 연방 정부가 만든 1946년 Hill-Burton Act 법안과 1965년 메디케어 법안을 통해 미국 전역에 병원이 확장 되었습니다. 한편 1970년대엔 영리목적의 민간 병원들 (Investor-owned multi-hospital system)이 등장하기 시작했습니다. 그래서 1983년까지 미국의 7개 병원 중 1개의 비율로 늘어났고 1990년대 이후부터 대단한 붐이 일어나 병원은 자선 사업에서 기업 형태로 운영하고 있습니다. 의료 산업(Health Care Industry)은 이제 수많은 직원과 거대한 의료 장비를 거느린 매우 큰 고용주가 되었습니다. 미국은 다른 선진국에 비해 민간보험회사를 통한 비용지출이 매우 높습니다(그림 2 참조). 병원이 더 효율적이 되려면 환자의 의료비용이 낮아져야 한다고 생각할 것입니다. 그러나 실제는 반대방향으로 가고 있습니다. 그 중 많은 부분이 청구 시스템과 관련이 있습니다. Medical Bill에는 수많은 것들이 포함되어있습니다. 의사를 포함한 여러 직원들의 인건비, 병원 유지비, 의료장비 사용료, 약품과 소모품 가격, 그 외 부대비용들이 Medical Bill에 다 포함되어 있습니다. 이러한 일들이 다른 나라에서는 결코 정상적인 일이 아닙니다.

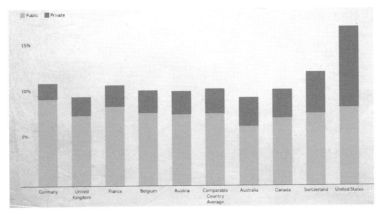

출처: Peterson-Kaiser Health System Tracker
Total health expenditures as % of GDP by public vs. private spending. 2016

◼ Pharmaceutical Companies

의료비 지출의 큰 부분은 약물과 소모품에 있습니다. 두 가지 모두 보험으로 완전히 커버하기 어렵습니다. 약의 가격은 제약 회사가 통제권을 가지고 있기 때문에 가격이 치솟았습니다. 제약회사는 차기 신약에 대한 연구 및 개발 자금을 조달하기 위해 가격을 인상 해야 합니다. 대부분의 고가 의약품은 정부로부터 특허 보호를 받습니다. 그들은 시장에서 독점권을 가지고 있으므로 어느 누구도 가격의 통제권을 가지고 있지 않습니다. 불행하게도 결국 환자의 부담으로 가게 됩니다.

◼ Pharmacy

의사 처방을 받은 약(Prescription drug)은 약국(Pharmacy)에서 약사 (Pharmacist) 감독하에 구입하게 되는데, 처방 받은 약이 Brand drug 인데 만약 같은 성분의 Generic drug가 있다면 이것을 선택하여 약 비용을 많이 줄일 수 있습니다. 의사와 약사의 역할이 명확히 구분되어 있는 오늘날의 Healthcare system에서 환자들 접근성이 좋은 대형 유통망을 가지고 있는 약국들의 수익률은 점점 좋아지고 있습니다.

절반이 넘는 처방약 판매 시장점유율을 가지고 있는 CVS(1위), Walgreens(2위), Walmart Store는 OTC 약(Over-The-Counter 약, 처방 전이 필요 없는 일반 의약품)이나 다른 생활용품 판매 수익보다 처방약 판매 에서 대부분의 수익이 나오고 있습니다. 그들의 수익 전략은 제약회 사로부터 약을 저렴한 가격으로 대량 구매하여 소비자에게 이윤을 남겨 판매하는 것입니다. 그러나 제약회사와 의료보험회사와의 시 스템이 붕괴되었음으로 처방약 값은 소비자들을 위한 가격 통제가 거의 불가능한 현실입니다.

◼ 비싼 의료비용은 개인과 국가 모두에 부담을 준다

오늘날 거의 3천만 명의 미국인이 보험에 가입하지 않았습니다. 이는 그나마 Affordable Care Act(오바마 케어)이전의 2010년 약 5천 5백 만에서 감소한 숫자입니다. 여전히 다른 선진국보다 높은 비율입니다. 민간 건강보험 회사는 마땅히 가격을 낮추기 위해 병원, 제약회사와 협상해야 합니다. 그러나 협상은 긍정적인 방향으로 가질 않았고 그 비용이 고스란히 환자에게 전달되었습니다.

건강 관리 비용은 건강할 때 보험료를 지불하거나 병에 걸렸을 때 의료비용을 지불하는 등 개인 재정에 막대한 영향을 미칩니다. 그러나 이것은 국가재정에도 영향을 미칩니다. 정부는 현재 건강 관리에 1 조 달러 이상을 지출하고 있습니다. 그리고 CBO(Congressional Budget Office, 국회 예산청)는 메디케어와 메디케이드에 대한 지출이 향후 10년 안에 두 배가 될 것으로 예상하고 있습니다(그림 3). 이는 인구고령화 때문 만은 아닙니다. 비싼 의료비가 더 큰 이유입니다.

미국의 Healthcare System은 가히 복마전이라 말 할 수 있습니다. 개선해 나가기에 너무 많은 것들이 얽혀있습니다. 비싼 의료비용

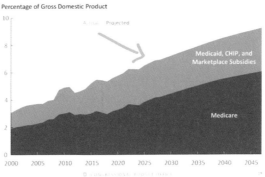

Federal Spending on the Major Health Care Programs, by Category

Percentage of Gross Domestic Product

출처: 2017년 CBO 자료

이 드는 나라 미국에서 연방정부가 운영하는 의료보험제도인 메디케어와 메디케이드는 그나마 미국인에게 위안을 줍니다. 지금 바이든 정부는 메디케어를 기존의 65세 이상에서 60세 이상으로 대상을 넓히거나 치과, 안과, 이비인후과 기능을 첨가하는 법안을 준비 중에 있습니다.

2 Medicare & Medicaid (메디 케어 & 메디 케이드)

65세 이상의 미국인들을 위한 연방정부 건강보험제도인 Medicare 와 저소득층에게 의료 혜택을 주는 Medicaid를 Q&A 형식으로 알아봅니다.

❏ Medicare (메디케어)

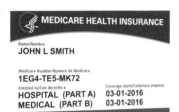

현재 혜택을 받고 있는 사람이 약 6,000만 명(5260만 명의 노령층과 870만 명의 젊은 장애인)인 메디케어는 1965년 린든 존슨 대통령의 서명으로 시작했고, 메디케어 신청은 Social Security Office에 하지만, 관리는 정부 산하기관인 CMS (Center for Medicare & Medicaid Services) 에서 하고 있습니다.

(1) 메디케어 가입자격은?

❶ **65세 이상** : 미국 시민권자나 5년이상 거주한 영주권자
❷ **65세 미만** : 특정 장애나 만성 신부전증, 루게릭 병이 있으신 분

(2) 혜택 받을 수 있는 조건은?

65세가 되기 전에 본인 혹은 배우자의 Social Security Credit 이 40 포인트 이상이 되어야 합니다. 그렇지 않으면 규정에 따라 추가 비용을 개인이 부담합니다.

(3) 메디케어의 구성은?

4 Parts of Medicare

Part A	Part B	Part C	Part D
Hospital Insurance (Original Medicare)	Medical Insurance (Original Medicare)	Medicare Advantage	Prescription Drug
Government	Government	Insurance Company	Insurance Company

Usually→

Chapter 2-2
그림 2

메디케어는 위 그림과 같이 파트 A, B, C, D로 구성되어 있습니다. 여기서 Part (A+B)는 오리지널 메디케어(Medicare Basic Plan)라 부릅니다.

❶ **Part A는 병원 보험 입니다.**
입원, 수술, 가정간호(홈 케어), 호스피스, 간호 재활 (SNF=Skilled nursing faculty)비용을 보조해 줍니다.

❷ **Part B는 의료보험입니다.**
의사 방문, 예방 진료, 각종 검사, 의료장비 보조를 받습니다.

❸ Part C는 뒤에 Medicare Advantage로 설명합니다.

❹ Part D는 처방약 보험입니다.

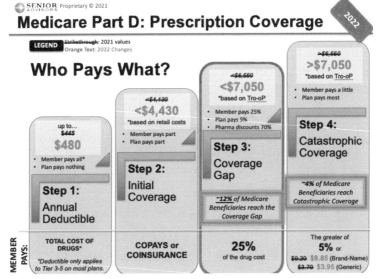

출처: senior-advisors.com

처방약 값의 부담을 줄여주기 위해 2006년부터 시행된 프로그램이고, CMS 승인을 받은 민간 건강보험회사에서 제공합니다. 오리지널 메디케어를 받으면 파트 D도 신청해야 합니다. 신청하지 않으면 페널티를 내야 합니다.

1단계	-	Deductible $480
2단계	최초 혜택 단계	총 비용이 $4,430이 될 때까지
3단계	도넛 홀 (혜택 공백기간)	총 비용이 $4,430 ~ $7,050면 generic drugs는 25%, brand drugs는 25% 부담.
4단계	그 이상의 금액	처방약 비용의 5% 또는 generic drugs $3.95/ brand drugs $9.85 중 높은 액 부담.

(4) 메디케어 가입신청 기간은?

Part A	65 세 되면 자동 가입
Part B	65세 생일 전 후 3개월 (직장 보험 취소 후 8개월이내)
Part D	파트 A, B 받으면 신청 (직장 보험 취소 후 63일 이내)
AEP (Medicare Annual Election Period)	10/15-12/7. 신청 후 그 다음 해 1월 1일부터 효력발생.

❶ IEP : 65세 시점의 3개월 전후에 메디케어를 신청해서 Part-A, -B 를 받은 분은 바로 어드밴티지 플랜을 구입하실 수 있습니다. 또한 매디 갭으로 20%를 보충하기 원할 때는 AEP 기간이 아니라도 가 입하실 수 있습니다.

❷ AEP : 어드밴티지를 구입하시는 분은 AEP 기간인 10/15에서 12/7 에 가입할 수 있습니다. 이 기간에는 기존에 가지고 있던 Part C의 보 험회사를 바꿀 수 있습니다.

❸ 이 기간을 넘게 되면 페널티 발생.

(5) 메디케어 A, B와 처방약 보험 파트 D 비용은?

Part A의 Deductible은 2022년 기준 $1,566입니다. 일단 병원에 입원하면 $1,566은 내야 하는데 다른 병으로 입원하면 한번 더 내야 합니다. 그리고 입원 60일까지는 Co-Pay 없지만, 61일부터 90일까지는 하루에 $389을 내고, 91-150일까지는 하루에 $778을 냅니다. 프리미엄도 40 Credit이면 없지만 30-39 Credit이면 $279, 29 Credit 이하면 $499을 부담합니다.

Medicare Costs 2022

Part A Monthly Premium	40 or more work quarters : $0 30-39 work quarters : $274 29 or fewer work quarters : $499
Part A Deductible & Copays	$1,556 deductible for each benefit period Days 1-60 : $0 daily copay Days 61-90 : $389 daily copay Days 91-150 : $778 daily copay Days 151 and more : 100% of the costs
Part B Monthly Premium	The base premium : $170.10 ※ Higher income earners pay more
Part B Deductible & Coinsurance	Deductible : $233/year Coinsurance : 20%
Part D Deductible & Deductible	Average Premium in California : $33.00/month Maximum Allowed Deductible : $480/year

Part B도 Deductible $233 있습니다. 프리미엄이 $170.1이지만 수입(Income)에 따라 프리미엄 금액이 달라집니다. [그림 5]를 보시면 수입에 따라 Part B와 Part D의 프리미엄이 달라진 것을 보실 수 있습니다. 수입이 많으면 프리미엄도 더 냅니다.

4 Parts of Medicare

Single	Filing Joint	Part B cost	Part D Surcharge	Total B and D
Less $91k	Less $182k	$170.10	$0.00	$170.10
$91k to $114k	$182k to $228k	$238.10	$12.90	$251.00
$114k to $142k	$228k to $284k	$340.20	$33.36	$373.56
$142k to $170k	$284k to $340k	$442.30	$53.71	$496.01
$170k to $500k	$340k to $750k	$544.30	$74.16	$618.46
Over $500k	Over $750k	$578.30	$80.88	$659.18

 Part B 프리미엄은 어느 곳에 납부하나요?

메디케어는 CMS 기관에서 담당합니다. 65세가 되어 메디케어와 Social Security 연금을 함께 받으면 Social Security 연금에서 메디케어 프리미엄을 지불합니다. 그래서 어떤 분은 메디케어가 공짜라고 오해하시는 분도 계십니다. 그러나 Social Security는 연기하고 메디케어만 받으면 3개월에 한번씩 CMS에 메디케어 프리미엄을 지불합니다.

▢ Non-Original Medicare Benefits

오리지날 메디케어는 80% 만 커버 받기 때문에 나머지 20% 구입 비용이 발생합니다.

오리지날 메디케어에서 커버 안되는 20% 부분은 어떻게 준비하나요?

나머지 20%는 크게 두가지 방법으로 충당 할 수 있습니다. 이 두 가지는 해당지역 카운티 별로 보험회사와 비용이 다르기 때문에 전문가와 상담 하는 것이 필요합니다.

❶ **첫번째는 민간 건강보험회사를 통해서 메디케어 보조 보험**(Medicare Supplement (Medi-Gap))**를 구입합니다.**

메디 갭(Medi-Gap)은 개인의 병력과 건강상태에 따라 보험회사가 보험료를 산정하고 아무 때나 가입 하실 수 있습니다. 타주에서도 보험을 사용 할 수 있고 외국에서의 응급 진료도 가능한 최고의 보험 혜

Medicare Supplement(Medi-Gap)

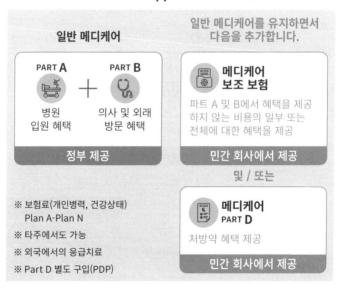

택 플랜입니다. 그러나 Part D는 따로 구입해야 합니다.

❷ **두번째는 메디케어 어드밴티지**(Medicare Advantage, Medicare Part C)**를 구입합니다.**

메디케어 어드밴티지 플랜은 Co-Pay가 있지만 저렴합니다. Co-pay가 없는 지역도 있습니다. 오리지널 메디케어 A, B가 있는 분이 신청할 수 있고, 메디케어 어드밴티지 PPO는 환자 부담금이 별도로 있어서, 주치의의 Referral을 통해 전문의 치료를 받을 수 있는 HMO를 더 많이 이용합니다. 오리지널 메디케어에서 제공되지 않는 치과, 안경, 헬스클럽, 교통편의, 침술 등도 제공받습니다. 그리고 Part C에 가입하시면 처방약보험인 Part D 가 포함이 됩니다(MAPD-Medicare Advantage Prescription Drug Plan). 어드밴티지에 포함된 약 보험은 프리미엄이 저렴하거나 $0 인 플랜도 있어 본인부담이 많이 줄

Medicare Part C (Medicare Advantage)

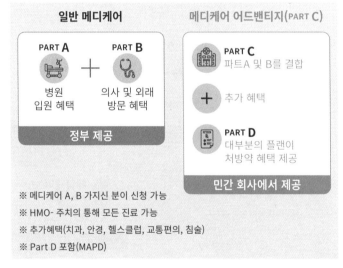

일반 메디케어	메디케어 어드밴티지(PART C)
PART **A** + PART **B** 병원 입원 혜택 의사 및 외래 방문 혜택 **정부 제공**	PART **C** 파트A 및 B를 결합 + 추가 혜택 PART **D** 대부분의 플랜이 처방약 혜택 제공 **민간 회사에서 제공**

※ 메디케어 A, B 가지신 분이 신청 가능
※ HMO- 주치의 통해 모든 진료 가능
※ 추가혜택(치과, 안경, 헬스클럽, 교통편의, 침술)
※ Part D 포함(MAPD)

어듭니다. 그러나 어드밴티지 플랜은 거주지와 의사 선택에 제한이 있고 큰 질환이 있는 경우엔 적당하지 않을 수 있습니다. 자신의 형편에 맞는 플랜을 결정하시기 바랍니다.

일반적으로 아직 건강한 편이고 보험료 많이 내기를 원치 않으면 메디케어 어드밴티지 플랜이 적합하지만, 병원 갈 일이 많거나 높은 수준의 의료 서비스를 원하는 사람은 메디 갭 프로그램이 적합합니다.

각 프로그램의 한도 미만의 소득이 있는 사람들은 Medicare 관련 비용을 줄이는 정부 지원(Government Assistance) 적극 활용하십시오.

Medicare에 가입한다고 해서 반드시 모든 혜택을 받는 것은 아닙니다. 그러나 제대로 계획한다면 노년에 받을 수 있는 최고의 건강보험 상품 중 하나입니다.

 장차 혜택 받을 메디케어를 위해 얼마의 메디케어 세금을 내고 있을까요?

사회복지 제도 세금인 소셜 연금 세금과 메디케어 세금을 FICA (Federal Insurance Contributions Act) Tax라 부릅니다. 2021년 기준 사회보장세금은 본인이 6.2% 자영업자는 12.4% 내고, 메디케어 세금은 본인이 1.45% 자영업자는 2.9%를 냅니다. 사회보장세금은 Income limit($147,000 까지만 세율 적용)이 있지만 메디케어 세금은 고소득자들이 0.9% 세금을 더 냅니다.

FICA TAX BREAKDOWN

ADDITIONAL 0.9% TAX
IF WAGES ARE OVER:

$$1.45\%$$

EMPLOYER

$$1.45\%$$

EMPLOYEE

$250,000	if married & filing jointly
$125,000	if married & filing separately
$200,000	for everyone else

출처: Patriot,Software, LLC

▣ Medicaid (메디케이드)

메디케어와 메디케이드의 차이점은?

Medicare	연방정부가 지원하는 노인(65세 이상) 의료보험 프로그램
Medicaid	저소득층을 위해 연방정부로부터 예산을 받은 주정부가 운영하는 의료보험 프로그램. (연령 제한 없음.)

❶ SSI를 받으시는 분들과 A&D FPL

(Aged & Disabled Federal Poverty Level, 연방정부가 정한 극빈자 수입기준)

'Single $1,482/월, 부부 $2,004/월'에 해당하신 분. 캘리포니아
는 메디칼 (Medi-Cal), 뉴저지는 New Jersey Family Care로 부름.
명칭 뿐만 아니라 혜택 내용도 약간 다른 점이 있음.

❷ 메디케어 기본 플랜인 오리지날 메디케어(Part A & Part B)는 의료비용
의 80%만 커버 되므로, 나머지 20%는 개인이 부담해야 합니다. 그
러나 메디케이드는 의료비용 100% 커버합니다.

사회복지

메디케이드 받는 분이 65세가 되면 메디케어를 어떻게 사용하나요?

65세가 되고 메디케이드가 되는 분(저소득층)은 Medi-Medi라는 제도로 의료 혜택을 받습니다. 이 플랜에서 처방약은 따로 구입해야 하지만 Part D 약 보험료를 보조 받을 수 있는 Extra help 플랜이 있고, Part B에 들어가는 보험료 등을 혜택 받을 수 있는 Medicare Saving Plan(QMB, SLMB)등이 있으므로, 자격이 되면 신청하십시오. Medi-Medi 플랜 자격이 되면 치과와 Long term care 혜택도 받을 수 있습니다.

Medi-Medi

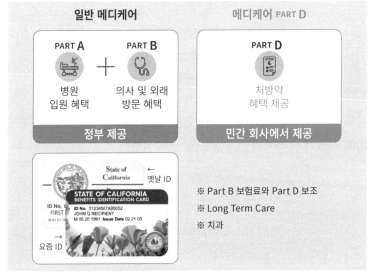

◼ Medicare Q&A

Q. 01 올해 65세가 되어서 오리지널 메디케어(Part A&B)를 받았습니다. Part C에 가입하려면 AEP(Medicare Annual Election Period) 기간까지 기다려야 하나요?

65세가 되어 처음 메디케어를 받는 분, 타 주에서 이사 오셨거나, 거주지(County)가 바뀌신 분들, 직장 보험이 종료되어 메디케어 Part B를 처음 받을 분, 메디케어와 메디케이드를 가지고 계신 분은 기간과 상관없이 바로 신청 하실 수 있습니다.

Q. 02 메디케어 어드밴티지 플랜을 가지고 있는데 메디 갭으로 바꾸었습니다. 그러면 메디케어 어드밴티지는 자동으로 취소되나요?

직접 어드밴티지 플랜을 취소 하셔야 합니다. 하지만 메디 갭 승인을 받으신 후 취소 하시기 바랍니다. 왜냐하면 메디 갭 플랜은 과거 병원 기록을 보기 때문에 승인 못 받으실 경우가 있을 수 있기 때문입니다.

Q. 03 메디케어 어드밴티지 플랜을 하려고 합니다. 현재 저의 주치의가 이 플랜에 있는지 알 수 있나요?

본인의 주치의에게 직접 물어보셔도 되고, 직접 메디케어 웹사이트에서 확인 하실 수도 있습니다.

Q. 저소득자들에게는 메디케어 처방약 비용을 지원 받을 수 있다고 들었
04 습니다. 사실 인가요?

처방약 보험을 보조 받는 것을 EXTRA HELP라 합니다. 저소
득 보조(LIS)라 불리는 추가지원은 소득이 적은 분들에게 처방약 보
험이나 본인 부담금을 지원해 줍니다. 본인이 가능한지는 Social
Security Office에 직접 확인하면 됩니다. Part B 보험료만 지원
받는 QI 프로그램이나 SLMB프로그램. 또한 A,B 보험료와 본인부
담금을 지원받는QMB 프로그램 등 메디케어 절약프로그램이 있으
니, 이 또한 Social Security Office에 직접 문의해 보기 바랍니다.

Q. 미국에서 일을 하지 않은 전업주부입니다. 배우자를 통해 메디케어를
05 받을 수 있나요?

결혼한지 일년 되었고 현재 부부 상태를 유지하면 가능합니다. 또
한 이혼 했어도 현재 싱글이시고 10년이상 결혼생활을 유지 하셨으
면 가능합니다.

Q. 현재 처방약 보험이 없는데 꼭 가입 해야 하나요?
06

Part D 보험은 선택 사항입니다. 그러나 현재 복용중인 약이 없더라
도 나중에 가입을 원하실 경우 Part D 보험에 가입되어 있지 않았던

시기에 대해 1% 벌금을 내야 하므로 지금 가입 하시는 것이 좋습니다.

Q. 07 내년 초 메디케어 가입을 앞두고 있습니다. 한국 방문이 빈번할 듯 한데 메디케어를 한국에서 가입하거나 혜택을 받을 수 있을까요? 아니면 가입을 안하거나 늦출 수 있는 방법이 있는지 궁금합니다.

정해진 생일 전후 6개월 동안 메디케어를 가입하지 않으면 벌금이 부과됩니다. 다만 소득이 적은 경우엔 해외 체류 시 메디케어 가입을 벌금 부과 없이 늦출 수 있는 예외조항 (Catch 22 규정)이 있습니다. 이 경우에는 미국 복귀 때까지 가입을 합법적으로 늦출 수 있습니다. 미국에 돌아와 "특별 가입 기간(Special Enrollment Period)"을 활용해 벌금 없이 가입할 수 있습니다. 처방약 플랜인 Part D는 미국 복귀 후 2개월 내에 가입해야 합니다. 그렇지 않으면 벌금이 부과됩니다. 소셜 오피스의 직원과 자세한 내용을 직접 상담하시기 바랍니다.

Q. 08 65세가 되어 메디케어를 신청하려고 하는데 Social Security Credit 이 모자랍니다. 어떻게 해야 하나요?

Part A는 보험료를 내고 혜택 받을 수 있고, Part B는 미국에서 5년이상 합법적으로 거주하셨으면 추가 보험료를 지불하고 혜택 받을 수 있습니다. 그러므로 Social Security Credit 숫자를 미리 확보해 놓아서 추가 보험료를 지불하는 일이 없도록 하기 바랍니다.

Q. 09 은퇴 후 여러 나라를 여행하면서 살고 있습니다. 해외에서 메디케어 혜택을 받을 수 있나요?

메디케어 서비스는 미국 내에서만 제공됩니다. 해외에 장기 거주하며 병원 방문이나 진료 받는 경우에는 메디케어 혜택을 받을 수 없습니다. 그러나 병원 방문, 진료, 앰뷸런스 서비스, 신장 투석 등의 긴급 서비스는 예외적인 경우로 간주하여 해외에서도 혜택을 받을 수 있습니다. 해외여행이 많으신 분은 메디 갭을 선택하셔서 해외에서도 응급상황 때 혜택을 받을 수 있도록 하기 바랍니다.

Q. 10 메디케어 Part C 안에 있는 MOOP(maximum out of packet)는 무엇인가요?

파트 C에 대부분은 Co-Pay 없지만, 건강 상담, MRI, Chemo Therapy 같은 경우는 Co-Pay가 발생합니다. 이러한 경우 Co-Pay의 상한 액수를 MOOP이라고 합니다. 예를 들면, MOOP가 이천 불 인 환자에게 병원비가 $100,000 나와서 Co-Pay로 $20,000 청구하면, MOOP에 의해 $2,000만 지불하는 것입니다.

▶ 재정전문가 Deborah Hong 선생님과 함께 한 미국재정가이드의 유튜브방송 대담 내용을 중심으로 만들었습니다.https://youtu.be/1-jzskD4hMg, https://youtu.be/aiDZRs0gzBg

3 Obama Care (오바마 케어)

한국 건강보험은 보건복지부 산하 국민건강보험공단이 모든 국민을 대상으로 운영하고 있으며 소득과 자산에 따라 보험료를 책정합니다. 그러나 미국은 민간보험회사가 소득 뿐만 아니라 나이와 건강상태까지 고려해 보험료를 책정합니다. 그러므로 소득이 낮은 층과 건강이 좋지 않은 사람들은 보험료가 부담되어 건강보험 없이 사는 사람(5천5백만명, 2010)이 많아서 그동안 커다란 사회적 문제가 되었습니다. 이와 같이 의료혜택 사각지대에 있는 사람들에게 정부가 보조금을 주어 가입을 도와주고, 의료보험에 가입하지 않으면 벌금을 부과하여 모든 국민에게 의무화 하자는 것이 오바마케어의 기본 방침입니다. 오바마대통령시절 만들었기 때문에 오바마케어라고 말하지만 원래 이름은 Patient Protection Affordable Care Act (PPACA)이고 2014년 1월부터 시행하였습니다. 오바마 케어에 등록된 병원 중에는 시설이 우수한 대형병원도 있으므로 고급 의료 서비스를 받을 수 있는 장점이 있습니다. 연방정부는 재원 마련을 위해 고소득자(부부합산 25만불 수입 이상)에게 투자이익 세금(NIIT, 3.8%)과 메디케어 추가 소득세(0.9%)를 신설하여서 지금까지도 논란이 많은 의료보험 제도 입니다.

▣ 오바마케어의 가입자격

자격은 미국의 합법적 거주자이고 직장 의료보험에 가입하지 않은 사람들에게 해당되는데, 기존 질병(Pre-Existing Condition)이 있어도 가입이 가능합니다. 연방 정부는 2019년부터는 건강보험 가입하지 않은 것에 대한 벌금 제도를 폐지했습니다. 그러나 캘리포니아 주민은 주정부가 2019년 건강보험 가입 의무화 법을 통과시켜 2020년1월 1일부터는 어떠한 건강보험에도 가입하시지 않으면 세금 보고할 때 벌금을 내게 하였습니다. 벌금은 국세청(IRS)가 아니라 주정부 세무국에 냅니다.

▣ 보험료 산정 방법

사는 지역마다 플랜과 보험료가 다릅니다. 가족 숫자, 나이, 수입과 거주지 zip code를 입력하면 예상 금액을 알 수 있습니다. 보조금은 소득에 따라 다른데 오바마 케어에서는 MAGI (Modified Adjusted Gross Income)을 소득 계산기준으로 사용합니다.

MAGI
= AGI(전체 소득 - Expense)+비과세 소셜 benefit과 이자소득+해외 소득

W2월급을 받는 직장인은 세금 내기 전 월급 총액을 기본으로 하고, 개인 비지니스 하는 분은 비지니스 Expense을 뺀 Net Income을 기본으로 합니다.

▣ 등록 시기

기존 플랜을 가지고 계신 분들은 10월 8일부터Renewal 편지를 받습니다. 그냥 놔두면 자동으로 Renewal되지만, 수입이나 가족에 대한 변경 사항이 있으시면 에이전트나 웹사이트(캘리포니아 주는 CoveredCA.com)를 통해 업데이트 합니다. 새로 등록 하는 분은 매년 10월 15일부터 12월 15일까지 등록해서 다음 해 1월 1일부터 의료보험 혜택을 받을 수 있도록 합니다. 만약 12월 16일부터 1월 31일 사이에 등록하면 2월부터 혜택 받습니다.

▣ 플랜 종류

❶ **Bronze** (60%) : 비용의 60%를 보험에서 커버해 줌.

❷ **Silver** (70%) : 비용의 70%를 보험에서 커버해 줌.
저소득자의 Enhanced Silver 플랜 자격이 되면 Co-payment, 공동보험 및 공제 금액이 낮아져 본인 부담금이 줄어드는 플랜 있습니다.
- Enhanced Silver 94, Enhanced Silver 87, Enhanced Silver 73.

❸ **Gold** (80%) : 비용의 80%를 보험에서 커버해 줌. Deductible 없음.

❹ **Platinum** (90%)
비용의 90%를 보험에서 커버해 줌. Deductible 없음.

❺ **30세 미만**인 젊은 사람을 위한 **Minimum coverage 플랜**
1년에 3번까지 무료 의사 면담, Net work 의료비용은 연 $7,150 까지 보험에서 100% 커버해 줌.

 COVERED CALIFORNIA

2022 Patient-Centered Benefit Designs and Medical Cost Shares

Benefits in blue are NOT subject to a deductible. Benefits in blue with a white corner are subject to a deductible after the first three visits.

Coverage Category	Minimum Coverage	Bronze	Silver	Enhanced Silver 73	Enhanced Silver 87	Enhanced Silver 94	Gold	Platinum
Percent of cost coverage	Covers 0% until out-of-pocket maximum is met	Covers 60% average annual cost	Covers 70% average annual cost	Covers 73% average annual cost	Covers 87% average annual cost	Covers 94% average annual cost	Covers 80% average annual cost	Covers 90% average annual cost
Cost-sharing Reduction Single Income Range	N/A	N/A	N/A	$25,761 to $32,200 (>200% to ≤250% FPL)	$19,321 to $25,760 (>150% to ≤200% FPL)	up to $19,320 (100% to ≤150% FPL)	N/A	N/A
Annual Wellness Exam	$0	$0	$0	$0	$0	$0	$0	$0
Primary Care Visit	After first 3 non-preventive visits, full cost per instance until out-of-pocket maximum is met	$65*	$35	$35	$15	$5	$35	$15
Urgent Care		$65*	$35	$35	$15	$5	$35	$15
Specialist Visit		$95*	$70	$70	$25	$8	$65	$30
Emergency Room Facility	Full cost per service until out-of-pocket maximum is met	40% after deductible is met	$400	$400	$150	$50	$350	$150
Laboratory Tests		$40	$40	$40	$20	$8	$40	$15
X-Rays and Diagnostics		40% after deductible is met	$85	$85	$40	$8	$75	$30
Imaging			$325	$325	$100	$50	$150 copay or 20% coinsurance***	$75 copay or 10% coinsurance***
Tier 1 (Generic Drugs)	Full cost per script until out of pocket maximum is met	$18**	$15**	$15**	$5	$3	$15	$5
Tier 2 (Preferred Drugs)		40% up to $500 per script after drug deductible is met	$55**	$55**	$25	$10	$55	$15
Tier 3 (Non-preferred Drugs)			$85**	$85**	$45	$15	$80	$25
Tier 4 (Specialty Drugs)			20% up to $250** per script	20% up to $250** per script	15% up to $150 per script	10% up to $150 per script	20% up to $250 per script	10% up to $250 per script
Medical Deductible	N/A	Individual: $6,300 Family: $12,600	Individual: $3,700 Family: $7,400	Individual: $3,700 Family: $7,400	Individual: $800 Family: $1,600	Individual: $75 Family: $150	N/A	N/A
Pharmacy Deductible	N/A	Individual: $500 Family: $1,000	Individual: $10 Family: $20	Individual: $10 Family: $20	N/A	N/A	N/A	N/A
Annual Out-of-Pocket Maximum	$8,700 individual $17,400 family	$8,200 individual $16,400 family	$8,200 individual $16,400 family	$6,300 individual $12,600 family	$2,850 individual $5,700 family	$800 individual $1,600 family	$8,200 individual $16,400 family	$4,500 individual $9,000 family

Drug prices are for a 30 day supply.
* Copay is for any combination of services (primary care, specialist, urgent care) for the first three visits. After three visits, future visits will be at full cost until the medical deductible is met.
** Price is after pharmacy deductible amount is met.
*** See plan Evidence of Coverage for imaging cost share.

■ 플랜 마다 보험료와 서비스 비용 차이점

플랜 마다 의사면담료가 다르지만 Gold plan나 Platinum plan은 보험료가 비싼 대신 Deductible이 없습니다. 에이전트나 공식 웹사이트를 통해 예상 금액을 산출해 보면 정확히 알 수 있습니다. 정부 보조금을 받을 수 있는 수입 기준은 [그림 3]과 같이 FPL (Federal Poverty Level)의 400%까지 입니다.

Program Eligibility by Federal Poverty Level for 2022

Your financial help and whether you qualify for various Covered California or Medi-Cal programs depends on your income, based on the Federal Poverty Level (FPL).

Household Size / % FPL	0%	100%	138%	Silver 94 (100%-150%) 150%	Silver 87 (>150%-200%) 200%	Silver 73 (>200%-250%) 213%	250%	266%	300%	322%	400%*
1	$0	$12,880	$17,775	$19,320	$25,760	$27,435	$32,200	$34,261	$38,640	$41,474	$51,520
2	$0	$17,420	$24,040	$26,130	$34,840	$37,105	$43,550	$46,338	$52,260	$56,093	$69,680
3	$0	$21,960	$30,305	$32,940	$43,920	$46,775	$54,900	$58,414	$65,880	$70,712	$87,840
4	$0	$26,500	$36,570	$39,750	$53,000	$56,445	$66,250	$70,490	$79,500	$85,330	$106,000
5	$0	$31,040	$42,836	$46,560	$62,080	$66,116	$77,600	$82,567	$93,120	$99,949	$124,160
6	$0	$35,580	$49,101	$53,370	$71,160	$75,786	$88,950	$94,643	$106,740	$114,568	$142,320
7	$0	$40,120	$55,366	$60,180	$80,240	$85,456	$100,300	$106,720	$120,360	$129,187	$160,480
8	$0	$44,660	$61,631	$66,990	$89,320	$95,126	$111,650	$118,796	$133,980	$143,806	$178,640
add'l, add	$0	$4,540	$6,266	$6,810	$9,080	$9,671	$11,350	$12,077	$13,620	$14,619	$18,160

Federal Premium Tax Credit* | Tax credit continues beyond 400%
American Indian / Alaska Native (AIAN) Zero Cost Sharing | AIAN Limited Cost Sharing
SEE NOTE BELOW FOR INCOMES IN THIS RANGE

■ 팬데믹 이후 달라진 부분

팬데믹으로 인해 정부 보조금을 확대시켜 가입자 부담을 줄였습니다.

2021년 봄 바이든 대통령의 1.9조달러 규모의 바이든 미국구조개혁법령(ARP)에 따라 2021년과 2022년은 오바마케어의 건강보험료 본인 부담률을 대폭 낮춰줍니다. 다시 말하면 대부분의 보험료를 정부가 보조해 줍니다.

한편, 소득이 높거나 자격이 되지 않아 오바마케어를 통해서 보조 혜택을 못 받고 원래의 비용 대로 내야 하는 분 들은 벌금 면제를 위한 대체 플랜들(ex. 비영리재단의 Health Share 플랜)을 고려해 볼 수 있습니다.

4 Long Term Care (롱텀케어)

Eating

Bathing

Dressing

Transferring

Toileting

Walking or
moving around

롱텀케어(Long Term Care)는 타인의 도움 없이는 혼자서 기본 생활을 하지 못하여 오랜 기간 간호가 필요할 때 받는 의료서비스를 말합니다. 사람의 기본적인 6가지 일상 생활(혼자서 식사를 하거나, 화장실을 가거나, 이동 하고, 옷을 갈아입고, 샤워를 하고, 대소변을 보는 행위) 중 2가지 이상을 90일 동안 혼자서 못하게 되면 롱텀케어가 필요하다고 판단합니다. 대부분은 연세 드신 분이 큰 질병을 앓은 후, 혼자서 일상생활을 하지 못해서 Nursing home(양로원)에 들어갈 때 발생합니다. 평균수명이 길어

% of people 65 years-old today needing of Long-Term Care (2016)	70%
% of people 65 years-old today needing of Long-Term Care more than 5 years (2016)	20%
Average years WOMEN needing Long-Term Care (2016)	3.7 years
Average years MEN needing Long -Term Care (2016)	2.2 years
Average expense of In-Home service (2020)	$53,000
Average expense of Nursing-Home service (2020)	$105,000

사회복지

질수록 롱텀케어 비용은 증가합니다.

2016년 Capital Wealth Management의 리포트(그림 2)에 따르면 매일 1만 명의 베이비부머 세대가 은퇴 연령인 65세가 되는데, 그들의 70%는 살아있는 동안 롱텀케어가 필요하다고 합니다. 그런데 2020년 가정방문 요양서비스 평균 비용은 일 년에 약 $53,000이고 Nursing Home 비용은 독방기준으로 일 년에 $105,000달러입니다(Genworth's 2020 Cost of Care Survey). 이와 같이 매우 높은 비용을 지불해야 하는데, 많은 사람들은 본인의 의료보험이 롱텀케어 비용을 커버되는 것으로 잘못 알고 계십니다. 그러나 메디케어로 롱텀케어 의료비용은 총 100일까지만 커버하므로, 기간이 초과되면 개인이 비용을 지불해야 합니다. 그러므로 미리부터 롱텀케어 비용을 준비하는 것이 은퇴플랜을 세우는데 매우 중요한 요소입니다.

만약에 Nursing Home에 장기간 있게 되었는데 내야 할 돈이 없다면, 우선 소유하고 있는 집이 저당 잡힙니다. 그 이후에도 계속 비용이 들어가면, 가지고 있는 모든 재산이 사용되고 마지막에는 Medicaid 보조 받는 상태가 되어서 정부 보조로 비용이 충당됩니다. 이런 상황이 생기지 않도록 미리 준비를 해 둬야겠습니다.

한편 워싱턴 주 정부는 2022년 1월부터 W-2 근로자 임금의 0.58%를 세금으로 부과하는 Washington Long Term Care Trust Act가 발효되어 롱텀케어 비용 펀드를 마련하고 있습니다. 주민들의 평균수명이 길어지는 만큼 롱텀케어 비용도 늘어날 것으로 예상이 되어 주 정부 차원에서도 대비를 하는 모양입니다. 그러나 롱텀케어 보험을 가지고 있는 사람들에 한해서는 이 세금을 면제해 준다는 조항이 있으므로 아래의 보험상품을 구입하는 것을 고려해 보시기 바랍니다.

■ 롱텀케어 비용을 준비할 수 있는 세 가지 유형의 보험상품

(1) Traditional Long Term Care Plan

롱텀케어 발생 시 필요한 금액과 기간을 정해서 매달 프리미엄을 결정합니다. 비교적 저렴한 비용으로 가입이 가능하지만, 롱텀케어를 사용하지 않을 경우 소멸된다는 단점이 있습니다. 이 상품은 이미 오래전부터 나와 있었지만 크게 관심을 가지지 않았던 이유는 자동차 보험과 같이 Use it, or lose it 개념의 보험이기 때문입니다. 즉 가입자가 몇 십 년 동안 보험금을 납부했지만 롱텀케어 서비스를 사용하지 못하고 사망하게 되면 그 보험은 자동적으로 소멸됩니다.

(2) Life Insurance Hybrid Plan

위와 같은 단점을 보완한 보험 상품입니다. 생명보험과 롱텀케어 보험을 합친 하이브리드(Hybrid) 상품으로 가입자가 롱텀케어 상황이 되면 약정한 비용을 커버해 줄 뿐만 아니라, 만약 사용하지 못하고 사망하면 생명 보험금 형식으로 수혜자에게 지급함으로써 그 어떤 상황에서라도 보험의 혜택을 받을 수 있게 만들어졌습니다.

(3) Asset Based Long Term Care Plan

생명보험 플랜이지만 사망보상금 보다는 롱텀케어 보상에 더 집중한 플랜입니다. 부부가 하나의 Joint Account로 가입이 가능하며, 부부가 서로 다른 시기라 할지라도 필요할 때에 보전 받을 수 있고, 롱텀케어가 종료할 때까지 보험금을 지급하도록 만들어 졌습니다.

롱텀케어 금융상품들은 각각 장단점이 존재하므로 전문가의 상담을 통해 개인의 계획과 재정상황에 맞는 상품을 선택하는 것이 가장 바람직합니다.

생활경제

③
세금 제도

세금은 정부의 주 수입원이고, 국민들에게는 주 지출원입니다. 그러므로 정부는 되도록 많이 걷어드리려고 노력하고 국민은 되도록 적게 내려고 노력합니다. 1977년 한국에서 부가가치세 도입을 주도했던 공무원들이 대통령을 기쁘게 해서 그 이후 출세 가도를 달렸다는 이야기가 생각납니다.

재정에 관련된 행정부서는 관리예산처(Office of Management and Budget: OMB) 와 재무부((Department of Treasury) 입니다. 관리예산처는 백악관 소속 기관으로, 전체 행정부서에 대한 재정관리 정책과 집행기관에 적용되는 일반 관리 정책을 수행합니다. 재무부는 정부의 회계 및 세금, 경제정책 등을 책임지는 재정기관인데 산하기관인 국세청(Internal Revenue Service, IRS)에서 세금에 관련된 업무를 담당하고 있습니다.

미국 생활에서 가장 큰 비용은 다름 아닌 세금입니다. 그러나 절세전략을 잘 세우면 비용을 많이 절약할 수 있습니다. 매년 4월 15일까지 보고하는 Tax Return은 많은 미국인들에게 일 년 중 가장 큰 금융거래입니다. 미국의 세금제도에 대해 알아보고, 효과적인 절세전략으로 생활에 도움이 되는 방법에 대해서 알아봅니다.

1 미국의 세금 제도

▣ 미국 세금의 4종류

미국 세금은 크게 (1) 소득세, (2) 증여 상속세, (3) 소비세, 그리고 (4) 보유세로 나눕니다.

(1) 소득세

매년 세금보고하면서 납부하는 금액이 가장 큰 세금입니다. 개인 소득에 대해 납부하는 세금으로 이것은 다시 ❶ 근로소득세(Payroll Tax), ❷ 일반 소득세(Ordinary Income Tax), ❸ 자본 이익세(Capital Gain Tax), ❹ 부자세(Net Investment Income Tax, NIIT)로 나눌 수 있습니다.

❶ Payroll Tax
내 급여에서 가장 먼저 빠져나가는 세금항목으로 FICA(Federal Income Contribution Act)로도 불리는데 여기에는 사회보장제도의 세금 항목인 Social Security Tax와 Medicare Tax가 있습니다.

❷ Ordinary Income Tax
내 급여에서 두번째로 빠져나가는 세금항목으로 연방정부의 소득세율에 의거한 연방정부 소득세(그림 3-1)와 주정부 소득세 두 가지로 이루어져 있습니다. 주정부 소득세율은 주마다 차이가 나는데, 가장 높은 소득세(12.3%)를 내는 캘리포니아부터 주정부 소득세가 없는 알래스카, 플로리다, 네바다, 텍사스 등 다양합니다.

2021년 연방정부 Ordinary Income Tax Bracket Table

Tax Rate	Single	Married Filing Jointly	Married Filing Separately	Head of Household
10%	Up to $10,275	Up to $20,550	Up to $10,275	Up to $14,650
12%	$10,276 to $41,775	$20,551 to $83,550	$10,276 to $41,775	$14,651 to $55,900
22%	$41,776 to $89,075	$83,551 to $178,150	$41,776 to $89,075	$55,901 to $89,050
24%	$89,076 to $170,050	$178,151 to $340,100	$89,076 to $170,050	$89,051 to $170,050
32%	$170,051 to $215,950	$340,101 to $431,900	$170,051 to $215,950	$170,051 to $215,950
35%	$215,951 to $539,900	$431,901 to $647,850	$215,951 to $323,925	$215,951 to $539,900
37%	$539,901 or more	$647,851 or more	$323,926 or more	$539,901 or more

Chapter 3-1
그림 1

Historical Marginal Tax Rate for Highest and Lowest Wage Earners

출처: Wikimedia Commons

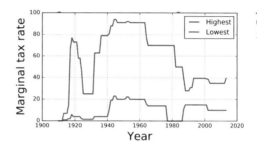

Chapter 3-1
그림 2

Ordinary Income Tax는 매년 변동이 있었는데, 국가적으로 큰 일이 벌어졌을 때에는 변동폭이 컸었습니다. 그림2에 의하면 최근 20여년이 역사적으로 가장 낮은 세율을 보이고 있습니다. 이와 같이 세금은 액수도 많고 변동성이 매우 큰 지출이므로 은퇴 플랜을 세울 때 가장 많이 고려해야할 대상입니다.

Long-term capital gains tax rates for the 2022 tax year

FILING STATUS	0% RATE	15% RATE	20% RATE
Single	Up to $41,675	$41,676 – $459,750	Over $459,750
Married filing jointly	Up to $83,350	$83,351 – $517,200	Over $517,200
Married filing separately	Up to $41,675	$41,676 – $258,600	Over $258,600
Head of household	Up to $55,800	$55,801 – $488,500	Over $488,500

Chapter 3-1
그림 3

생활경제

❸ Capital Gain Tax

양도세라고도 불리는데, 1년이내의 매도 투자수익에 대한 세금은 Ordinary Income Tax Rate 와 똑같이 적용 받아 [그림 1]와 같이 높은 세율을 적용 받습니다. 그러나 1년 이상 투자를 한 경우는 투자수익에 대해서 일반소득세보다 낮은 세율(Long Term Capital Gain Tax Rate, 그림 3)을 적용 받습니다. 그러므로 주식투자 하실 때는 최소 1년 이상은 보유하는 것이 중요합니다.

❹ NIIT

고소득자 (개인소득이 개인 20만불, 부부 25만불 이상인 사람)에게 적용되는 세금으로 기존의 양도세에 추가로 3.8% 세금이 발생합니다. 오바마케어 제도 신설로 인해 새로 생긴 세금 제도 입니다.

(2) 증여 상속세(Gift/Estate Tax)

상속 준비 편(7-3)을 보세요.

(3) 소비세(Sales Tax)

개인이 물건이나 서비스를 구매했을 때 주정부/지역 정부에 내는 세금으로 거주지역에 따라 세율이 다릅니다. 예를 들어 델라웨어, 몬태나, 오래곤, 뉴햄프셔 주는 소비세가 없습니다. 또한 물건에 따라서 소비세는 다르게 적용되는데 일반적으로 식료품에 대해서는 세금이 없거나 아주 낮은 세율이 적용됩니다. 한편 담배, 술, 유류 등 특정품목에만 부과되는 연방정부의 특별소비세(Excise Tax)도 있습니다.

(4) 보유세(Property Tax)

소유하고 있는 부동산이나 자동차에 대해 부과하는 세금입니다. 보유세의 대부분은 지역주민들에게 필요한 서비스를 하는 공립학교, 관공서, 도로 수리비의 재원으로 사용됩니다. 세금 액수의 기준은 보통 해당 지역정부의 지정 평가액(Assessed Value, Fair Market Value)로 하는데 만약에 주인이 그 액수에 동의하지 않으면 해당기관에 이의신청하여 지정 평가 액을 조정할 수 있습니다.

▣ 세금보고

미국은 각종 개인 소득들에 대해 매년 4월 15일까지 국세청(Internal Revenue Service)에 보고하게 되어 있으며 이에 따른 세금을 납부합니다. 해외에 거주하고 있는 시민권자/영주권자들은 자동으로 두 달이 연장되어 6월 15일까지 보고합니다. 그리고 Form-4868을 제출하여 세금보고 연장 신청을 하면 10월 15일까지 세금보고 기간이 연장됩니다.

세금 보고 양식에는 각각 번호가 붙여져 있는데, 가장 기본이 되는 개인 세금보고 양식은 Form 1040입니다. 비거주자는 Form 1040NR, 잘못된 보고를 수정할 때는 Form 1040X에 작성합니다. 여기에 개인의 소득에 따라서 Schedule A(항목별 공제), Schedule B(이자/배당소득), Schedule E(임대 소득 양식), Schedule C(자영업 소득 양식), Schedule D(양도소득 양식) 등 각종 양식이 추가됩니다.

미국은 세금 보고가 매우 복잡한 나라로 유명합니다. 2020년 IRS 자료에 의하면 납세자들은 평균 12시간 서류 작업을 하고 제출하는데 평균 $230을 지불한다고 합니다. 많은 사람들이 회계사에게 세금보고를 의뢰합니다. 그러나 소득 종류가 단순한 직장인이라면 회계사 도움 없이 온라인 서비스(무료, 유료)를 이용하여 본인이 직접 세금보고하시길 권해드립니다. IRS 웹사이트에 들어가면 IRS free online file 할 수 있는 곳을 발견할 수 있습니다. 사실 미국인의 70%는 이곳에서 수수료 없이 본인이 직접 세금보고를 할 수 있다고 합니다. 그러나 이 제도를 이용하는 비율은 아직 5%에 지나지 않는다고 합니다. 또 하나의 방법으로는 Turbo Tax, H&R Block, Jackson Hewitt등의 소프트웨어를 구입하여 온라인 일대일 튜터로부터 가이드 받으며 세금보고 할 수 있습니다.

본인이 직접 세금보고하면 비용도 절약될 뿐만 아니라 신속하고, 편리하게 할 수 있습니다. 본인이 직접 하므로 꼼꼼하게 소득과 공제 사항들을 더 많이 챙길 수 있고, 본인 재정에 대해서 잘 파악하게 되어 Tax Planning을 하는데 많은 도움이 됩니다. 그러나 비즈니스 소득이 있는 분이나 N 잡러 같은 여러 직업을 가지고 있어서 복수의 소득원이 있으신 분은 관련된 소득공제 사항이 많기 때문에 세무사 서비스를 받아 세금보고하는 것이 유리합니다.

▣ 세가지 세제 혜택

 세금을 줄이는 세제 혜택에는 크게 비과세 소득/인적 공제(Tax Exemption), 소득 공제(Tax Deduction), 그리고 세금 공제(Tax Credit) 가 있습니다.

❶ 비과세 소득/인적 공제(Tax Exemption)
세법에서 정한 비과세 소득 항목들의 수입은 총 소득에서 제외합니다. 그리고 가족 숫자 대로 일정금액을 공제해 주는 혜택인데 개인/부부 공제(Personal Exemption), 부양가족 인적 공제(Dependents Exemption)으로 이루어져 있습니다.

❷ 소득 공제(Tax Deduction)
세금 내기 전의 소득 금액을 줄이는 것을 말하며, 크게 우선 공제(Above the line deduction), 표준 공제(Standard Deduction), 항목별 공제(Itemized Deduction)로 나눌 수 있습니다. 우선공제항목은 다음의 6가지입니다. 교육자 비용, IRA납입금, 이사비용, HSA납입금, Student Loan Interest 납부액, 자영업세. 이 항목을 통해 줄어든 소득액을 조정 후 총 소득(Adjusted Gross Income, AGI)라 부르며 이 값을 개인 소득액으로 사용합니다. AGI로 줄어든 소득 금액에서 표준 공제나 항목별 공제 중 많이 받을 수 있는 것 하나를 선택해 과세 대상 소득을 한번 더 줄일 수 있습니다.

❸ 세금 공제(Tax Credit)
내야 할 세금을 줄이는 역할을 합니다. 즉 공짜 돈을 의미합니다. 그러나 AGI 값에 영향을 주지 않습니다. 대표적인 것은 부양자녀 텍스 크레딧(Child Tax Credit)과 저소득 근로자를 위한 근로소득 세금 크레딧(Earned Income Tax Credit, EITC)이 있습니다.

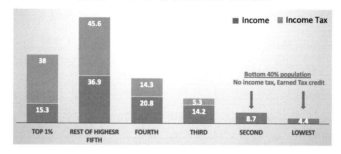

계층별 Income 대비 Income Tax 분포

▣ 미국의 계층별 소득과 세금 납부 분포

미국의 소득 계층을 상위 1% 층과 그 외 다섯 개 부류 (각각 20% 인구)로 나눕니다. 회사 CEO, 의사, 고소득 프로 운동선수, 헤지펀드 매니저 같은 상위 1% 부류는 미국 전체 소득의 15.3%를 차지하고 있습니다. 각 계층의 소득과 Ordinary Income Tax 분포는 위 그림과 같습니다. 첫 번째와 두 번째 부류인 저소득층은 인구의 40%를 차지하고 있는데 소득이 상위 1% 층의 소득에도 못 미치고 있습니다. 그들의 소득으로는 US Income Tax System에서 오히려 Tax Credit을 받고 있습니다.

계층별 Income 대비 Payroll Tax 분포

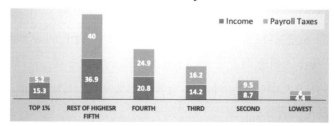

③ 세금 제도

이번엔 Payroll Tax 분포를 알아봅니다. 상위 1% 층은 Payroll Tax 상한액 규정이 있어서 중간층보다 소득 대비 세금 양이 상대적으로 적습니다. 그리고 하위층은 근로소득이 있으므로 Payroll Tax는 내고 있습니다.

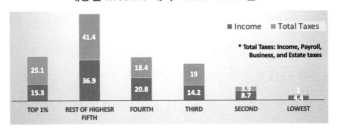

계층별 Income 대비 Total Taxes 분포

Chapter 3-1
그림 6

Income Tax, Payroll Tax를 포함한 다른 모든 Tax 들을 다 합쳐 보면 위의 그림과 같습니다. 이것이 현재 미국의 각 계층별 소득과 세금 납부 분포를 총체적으로 보여주는 그림입니다. 상위층 계층 (Top 1%, Rest of Highest Fifth) 이 중산층 계층 (Third and Fourth) 보다 소득 대비 세금 부담이 많아 보입니다 (출처: 2017년 6월 WSJ, How much tax should you pay?).

미국의 세금 정책은 소득에 맞게 세금을 부여(Flat Tax Policy) 하는 정책을 옹호하는 공화당 정부와 고소득자가 더 많은 세금(Progressive Tax Policy)을 내는 정책을 옹호하는 민주당 정부 사이에 매년 조금씩 바뀌고 있습니다. 2021년 바이든 정부로 정권이 바뀐 이후 미국 정부의 세금 정책은 확실히 Progressive Tax Policy 쪽으로 선회하고 있습니다. 여러분은 어느 쪽 정책을 선호하나요? 그리고 그 이유는 무엇인가요?

2 은퇴 플랜에 고려해야 하는 절세 방법

미국에서는 어떻게 하면 내 소득을 늘릴까 도 중요하지만 내가 땀 흘려 번 근로소득과 자산(부동산, 주식)을 어떻게 하면 절세하면서 잘 보호할까 도 매우 중요합니다. 우리는 근로활동을 통해 번 소득에서 여러가지 생활비(Expense)로 사용하고, 남은 돈은 내 자산(Asset)에 저축하여 증식 시킵니다. 생활비로는 유틸리티 비용을 포함한 고정비용, 집세/모기지, 쇼핑, 식품/의류 비, 그리고 **세금**을 들 수 있습니다. 우리는 검소하게 생활하여 쓸모 없는 비용을 줄여야 하지만, 여러 절세 방법을 이용하여 세금을 최대한 줄여서 내 자산을 증식시키는 곳에 옮겨야 합니다. 이러기 위해선 전문가와 함께 Tax Planning (세무 계획)하고 실천에 옮기는 것이 무엇보다 중요합니다. 미국에서는 많은 비용 중 하나가 세금이기 때문에 Tax Planning은 은퇴 플랜의 핵심이라고 말해도 과언이 아닙니다. Tax Planning에서 반드시 해야 할 것은 IRS의 텍스 코드를 사용하여 세금을 합법적으로 줄이는 절세 (Tax Avoidance)이고, 반드시 하지 말아야 할 것은 소득과 비용을 거짓으로 보고하여 세금을 줄이는 탈세 (Tax Evasion) 입니다.

그렇다면 어떻게 절세할 수 있을까요? 절세의 일반적인 방법은 다음과 같습니다.

❶ 세금보고 할 때 Tax deduction과 Tax credit를 최대화 한다.
❷ 여러 수입원에서 Non-taxable Income을 최대한 많이 만들어 AGI (Adjusted Gross Income)를 줄인다.

▣ Four Vehicles of Savings & Three Tax Buckets

우리의 돈은 네 군데 금융기관에 있습니다.

1	은 행	Checking Account, CD,
2	증 권 회 사	Stocks, Bond, Mutual Fund (M/F), 529 Fund, REITs, ETF
3	생명보험회사	저축성 생명보험, 개인연금
4	부 동 산	건물, 토지, 주택

개인 은퇴금융자산인 IRA는 '1. 은행 ~ 3. 생명보험회사'와 같이 모든 금융기관에서 만들 수 있습니다.

우리의 금융자산(1-3)은 다음의 세가지 방법으로 세금을 냅니다.

Chapter 3-2
그림 1

❶ Tax-Now
은행계좌, CD, 금융투자상품들 (M/F, Stocks, Bond)은 이자소득에 대해 매년 세금을 냅니다. 입출금이 자유롭습니다.

❷ Tax-Deferred
401(k), IRA 와 같은 개인 은퇴금융상품은 매년 저축한 금액만큼 세금 공제(Tax Deduction) 받은 만큼, 59.5세 이후 인출할 때 Ordinary

Tax Rate로 세금을 냅니다.

❸ Tax-Advantage

개인 은퇴금융상품인 Roth-401(k), Roth-IRA과 저축성 생명보험, 529 Plan은 매년 세금공제는 없지만, 미래에 원금과 이자 소득을 Tax-Free로 인출합니다.

 나의 자산은 세개의 Tax buckets 중 어디에 있는 것이 유리할까요?

- 비상금, 일반 생활비와 같이 항상 이용해야 하는 자금은 Tax-Now Bucket에 저축하십시오.

- 나의 현재 소득세율을 낮추시고 싶다면 Tax-Deferred Bucket에 저축하십시오.

- 지금의 세금보다는 미래의 자산 증식에 초점을 맞추시고 싶다면 (주로 젊은 사람들), Tax-Advantage Bucket에 저축하십시오.

▫ Roll-Over 와 Roth-Conversion

나의 금융자산은 개인 은퇴 플랜에 맞춰서 같은 Tax Bucket 안에서 이동할 수 있습니다. 이것을 **Roll-Over**라 말합니다. 은행에 있는 IRA는 이자가 낮으므로, 변동성은 있지만 많은 이자 받을 기회가 있는 증권회사의 IRA, 혹은 변동성이 적고 적절한 이자를 받을 수 있는 생명보험회사의 연금상품으로 옮길 수 있습니다.

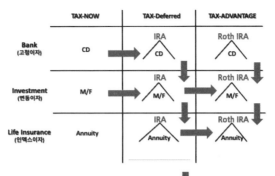

직장을 옮기거나 퇴사를 한 경우, 전 직장의 401(k) 계좌는 IRA 로 Roll-Over 해서 투자 옵션 제한 없이 내가 원하는 곳에 자유롭 게 투자할 수 있습니다.

또한 IRA의 돈을 출금하여 세금을 낸 후 이자소득에 대해 세 금을 내지않는 Roth-IRA로 옮길 수 있습니다. 이를 **Roth-Conversion**이라고 합니다. 지금 약간의 세금 부담이 있더라도 미 래에 세금 부담이 많을 것으로 예상하여 이 방법을 시도하는 분이 꽤 있습니다.

◨ Tax Planning 예

이른 시기부터 나의 금융자산을 Tax Planning 하여서 분산투자 하면, 은퇴 후 소득으로 쓸 때 많은 효과를 볼 수 있습니다. 이것을 [그림 3]의 A 할아버지와 B 할아버지 예로 들어 설명합니다. B 할

생활경제

Example of Tax Planning

	A 한달 수입	B 한달 수입
Social Security (Tax Now)	$2,500	$2,500
Pension (Tax Now)	$2,500	
Rent (Tax Now)	$2,500	
401(k)/IRA (Tax Deferred)	$2,500	
Non-qualified Annuity (Tax Deferred)		$2,500
Roth-IRA (Tax Advantage)		$2,500
Cash of Life Insurance (Tax Advantage)		$2,500
Pre-Tax Income	$10,000	$10,000
Taxable Income	$9,250	$ 0 or $2,500
Tax	$2,220 (24%)	$0 or $250 (10%)
Net Income	$7,780	$10,000 or $9,750

아버지는 미리부터 Non-Taxable Income으로 분산 해 놓아서 A 할아버지와 세전 수입(Before Tax Income)은 똑같았으나 세후 수입(After Tax Income)은 많은 차이가 납니다.

❏ HSA(Health Savings Account)

Tax-Advantage Bucket에 있는 금융상품이지만 잘 알려져 있지 않은 HSA(Health Savings Account)에 대해서 설명합니다. 2003년부터 시행된 HSA는 원래 의료보험으로는 커버 되지 않은 의료비용을 보전해 주기 위한 목적으로 정부가 세금 혜택을 주는 은퇴 계좌 제도입니다. 직장인 중에서 회사가 제공하는 의료보험 플랜 중 HDHP(High Deductible Health Plan)보험이 있으면 이 보험을 통해 HSA 계좌를 만들어 보십시오. 그러면 저축한 만큼의 세금공제를 받고 Tax-Free로 의료비용(qualified medical expense)으로 쓸 수 있을 뿐만 아니라, 계좌 금액은 주식시장에 투자되어 나중에 원금과 투자수익에 대해서 Tax-Free로 사용할 수 있습니다.

- **HSA 일 년 저축 한도액**
  $3,650(개인), $7,300(가족), 55세 이상은 $1,000 추가. 그러나 65세부터 메디케어를 받게 되면 더 이상 이 계좌에 입금(contribution)을 못합니다.

- 의료비 관련 비용 외에 사용하였을 경우, 65세 이하는 20% 페널티와 세금 부과. 65세 이상은 세금만 부과.

- HSA를 잘 활용하면 IRA와 같은 세금공제 혜택과 Roth-IRA 와 같은 양도세 면제 혜택을 동시에 받을 수 있습니다. 그러므로 직장인들은 은퇴 계좌를 401(K)만 생각하지 마시고 HSA 도 고려해서 이용해 보시기 바랍니다.

3 주식/부동산 거래 시 고려해야 할 세금 규정

우리의 자산은 대개 주식과 부동산으로 이루어져 있습니다. 우리의 소중한 자산을 사고 팔았을 때 생기는 세금 부담이 만만치 않습니다. 그러므로 이러한 세금 규정을 정확히 안다면 좀 더 신중한 결정을 내릴 수 있고 예상치 않은 세금 손실을 막을 수 있습니다. 주식과 부동산에 관련된 세금 규정에 대해 알아봅니다.

■ 주식 투자 – 미국에서 주식을 팔았을 때 생기는 3가지 과세 규정

❶ 보유주식을 얼마 동안 보유 했는지에 따라 과세기준을 구분합니다. 일년 이내인 경우는 매도 수익이 Ordinary Income 액수에 포함되어 세금을 냅니다. 그러나 일년이상이면 세율이 낮은 Capital Gain Tax 규정에 따라 세금을 냅니다.

❷ 주식 매도 손실이 주식 매도 이익보다 높은 경우엔 손실액의 $3,000까지는 Ordinary Income 액수를 줄이는데 사용합니다. 만약 3천불이 넘는 액수는 다음 해 Capital Gain 액수를 줄이는데 사용합니다 (Capital Loss Carryover).

❸ 일년 Ordinary Income 액수가 20만불(부부 공동은 25만불)이 넘는 고소득자인 경우는 NIIT (Net Investment Income Tax) 규정에 따라 기존의 양도세에 3.8% 세금이 추가됩니다.

개인 주식 투자는 가급적 은퇴 계좌(Tax-Deferred or Tax-Advantage

Bucket)에서 하시기 바랍니다. 자연스럽게 장기투자하게 되며, 설령 단기매매 하더라도 은퇴 구좌 안에서 이루어지므로 인출하지 않은 것으로 간주되어 양도세를 내지 않습니다. 특히 Tax-Advantage Bucket (Roth-IRA, Roth-401(k), 529 Plan)안에서 주식투자를 하면, 59.5 세 이후 매도 시 투자 원금 뿐만 아니라 투자 소득에 대한 세금이 없으므로 큰 혜택을 누리게 됩니다. 먼 미래를 위해 지금부터 꾸준히 준비하는 것 만한 왕도가 없음을 꼭 기억해 주세요!

▣ 부동산 투자 – 부동산 매입/매도 시 세금에 관련된 6가지 포인트

(1) 집 가치를 높이는 일(Basis Step up)

부동산을 판매하면 투자 소득(시세 차익 + 총 감가상각 비용)에 대해 Capital Gain Tax(양도세)를 내야 합니다. 그러나 사는 동안 집을 수리하거나 증축을 하여 집의 가치를 높이게 되면 (Basis Step up), 높아진 가치만큼의 시세 차익에 대해서는 Capital Gain Tax 대상이 되지 않습니다.

(2) 감가상각(Depreciation)을 통한 소득공제를 받는 법

부동산은 땅(Land), 건물(Building), 그리고, 건물에 딸린 부속물(Contents)로 구성되어 있습니다. 땅은 감가상각 할 수 없지만, 건물과 부속물은 매년 감가상각 할 수 있습니다. 50만불 부동산에 매년 4만불씩 감가상각을 한다고 가정하면 동일한 액수의 소득공제를 받을 수 있습니다. 만약 Tax Bracket이 35%이면($40,000 X 0.35 = $14,000), 매년 $14,000의 세금 감면 효과가 있습니다. 그러나 감가 상각 된 액수만큼 건물과 부속물의 가치(Basis)는 낮아지므로 나중에 판매할 때 양도소득세 부담이 커지는 단점이 있습니다.

(3) 모기지 이자 세금공제/ 부동산 보유세 공제 효과

모기지 금액의 최대 75만불까지는 발생하는 이자 액수에 대해서 소득 보고 시 항목별 공제 (Itemized deduction)로 사용할 수 있습니다. 또한 주택 보유 세액(Property Tax, 보통 주택 공시가의 1~2%정도를 내는데, 주로 거주 지의 county의 기금으로 사용됩니다.)도 소득 보고 시 최대 1만불까지는 항목 별 공제 (Itemized deduction)로 사용할 수 있습니다. 55세가 지나 주택 을 구매했을 땐, 예전 집 property tax액수 그대로 납부할 수 있게 해주는 혜택이 있습니다(Proposition 60/90).

(4) 주택 매도 시 25만불 세금 공제 혜택

본인 소유 주택을 매각 직전 5년 사이에 2년 이상 거주하게 되면 25만불 (부부 50만불)의 양도 차익에 대해서 비과세 규정이 있습니다. 이 규정은 고용, 이혼, 건강의 문제가 있어서 어쩔 수 없이 2년 이내 에 매도한 경우엔 특별 예외 규정으로 혜택을 받을 수 있습니다. 또 한 본인 소유 주택을 렌트 용으로 사용하는 경우엔 본인이 100% 소유하는 S-Corporation을 세워서 오른 가격의 집을 사게 한 후 다른 사람에게 매매하게 되면 양도차익이 줄어들어 양도세 세금을 내지 않을 수 있습니다. 이 방법은 감가상각 기준 금액도 높아진 만큼 임대수익에 대해 비용처리 기준 금액도 상승하게 되어 세금 공제 추가 혜택을 받을 수 있습니다.

(5) 동종 자산 교환 제도 (1031 exchange, Like-kind exchange)

$500,000의 주택을 5년 후에 가격이 $200,000 올라서 $700,000에 팔았다고 가정해 봅니다. 이때 발생한 투자 소득 $400,000(판매 가격 $700,000 - (구매 가격 $500,000 - 감가상각 비용 $200,000($40,000 X 5))=$400,000)에 대해서 Capital Gains 텍스를 내야 합니다. 여기서 투자 소득이 오른 가격의 차인 20만 불이 아니라, 감가상각 비용으로 인해 40만 불이라는 사실을 유의하시기 바랍니다. 하지만 동종 자산 교환 제도로 동일하거나 높은 가격의 새로운 부동산을 180일 이내 구매하면 양도세를 내지 않습니다. 참고로 감가상각으로 $200,000 소득공제 받은 것은 높은 세율로 내야 할 Ordinary Income Tax를 낮은 세율인 Capital Gains Tax로 적용 받는 효과가 있습니다.

(6) M453(Monetized Installment Sales) 플랜

부동산 시세 차익이 3배 정도 차이가 나서 Capital Gain Tax 를 많이 내야 하는 경우는 양도세를 30년 연기할 수 있는 M453 Plan을 이용하는 것이 유리 할 수 있습니다. 이 프로그램은 회계사 와 같이 하는 것이 아니라 세금 전문 변호사님과 함께하는 플랜입니다. 예를 들어 설명해 보겠습니다. 위의 예는 Capital Gain Tax 를 35만불 내야하지만, M453 Plan을 이용하면 세금 35만불을 30 년간 유예하고, 차액으로 남긴 돈 20만 6천불을 30년간 Index Universal Life Insurance에 저축하여서, 유예한 세금 35만불을 갚고 $1,012,559을 더 남길 수 있는 절세 플랜입니다. 한편 이 플랜 은 주거 주택뿐만 아니라 임대 건물도 같은 원리로 이용할 수 있습 니다.

(5), (6)방법을 알기 쉽게 그림으로 정리해 봅니다.

How to save capital gain tax

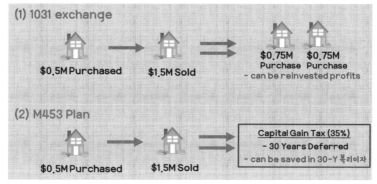

보유하고 있는 부동산 자산 가격이 많이 올라서 팔려고 할 때 양 도세 세금 부담이 큰 분들이 고려해 보기 바랍니다.

4 비즈니스 오너들의 절세 방법

비즈니스 오너도 직장인 못지않게 절세 효과가 있는 은퇴 플랜 제도가 많이 있습니다. 그러나 많은 비즈니스 오너 분들이 본인의 세무사에게만 너무 의존한 나머지 이러한 제도를 잘 모르시고 활용을 많이 못하는 것 같습니다. 스스로 공부 하고 전문가와 상담을 통해서 본인 비즈니스에게 알맞은 은퇴 플랜을 세우기를 바랍니다.

◼ 비즈니스 형태를 바꾸는 절세 방법(Changing Business Entity Format)

미국의 사업체는 크게 5개의 비즈니스 형태가 있습니다.

- LLC(유한책임회사)
- Partnership(동업)
- Sole Proprietorship(자영업)
- S-Corporation(S-주식회사)
- C-Corporation(C-주식회사)

주로 사업의 법적/세무적으로 책임(liability) 소재 여부로 구분해 놓았습니다. 혼자서 비즈니스를 운영한다면 자영업이 무난하지만 납세액이 많은 경우엔 S-Corporation로 운영하는 것이 좋습니다.

(1) 자영업(Sole Proprietorship)

개인 비즈니스의 가장 일반적인 형태입니다. 사업체 등록에서부터 유지, 폐업 등에 이르기까지 모든 것을 개인이 합니다. 직원을 둘 수도 있고, 자금을 대주는 사람이 따로 있어도 법적인 책임은 주인(본인)에게 있습니다. 세금 보고는 주인 혼자 합니다.

(2) S-Corporation

주식회사(Corporation)는 주식을 통해 회사의 자산과 회사 운영의 의사 결정권 등이 결정됩니다. C-Corporation은 회사에 수익이 발생했을 때 법인 세금을 내고 나머지 수익에서 임금으로 받을 때 배당 세금을 냅니다. 이와 같이 많은 세금을 내는 단점을 피하기 위해 만들어진 비즈니스 형태가 S-Corporation입니다. S-Corporation 은 법인세 없이 개인이 받은 임금에 대해서만 세금을 내므로 절세효과가 있습니다. 그리고 자녀를 고용하였을 때도, 오너에게 의료보험료를 지급하였을 때도 절세효과가 있습니다. 그러나 일정 조건을 충족시켜야 법인 설립이 가능합니다. 가족/친지 중심의 소규모 비즈니스가 많은 미주 한인들은 위와 같은 장점 때문에 S-Corporation로 운영하고 있습니다.

S-Corporation이 자영업보다 얼마만큼 세금혜택이 있는지 알아봅니다.

1년 비즈니스 수익이 10만 불이라 가정할 때, S-Corporation은 개인이 받는 5만 불의 셀러리에 대해서만 FICA 세금을 내게 되어있어 $6,480 세금 절약 효과가 있습니다.

	Sole Proprietorship	S-Corporation
Income	$100,000	$50,000
Salary	-	$50,000
Tax	$14,130	$7,650
Net	$85,870	$92,350
Tax Savings	-	$6,480

▣ 세금 혜택 있는 은퇴 계좌들

(1) IRA, Roth-IRA

직장인, 비즈니스맨 모두가 할 수 있는 은퇴 계좌입니다.

(2) SEP(Simplified Employee Pension)-IRA

IRA 보다 더 많이 액수를 저축하고 싶은 비즈니스 오너를 위한 은퇴 계좌입니다.

(3) Defined Contribution Plan(DC)

회사가 고용주와 직원에게 세금공제혜택이 있는 은퇴 계좌를 만들어 주고 돈을 보조해 주는 제도입니다. 회사는 이 플랜에 투자하는 금액만큼 세금공제혜택이 있습니다. 여기서 직원 없는 자영업자라면 회사, 직원 모두가 본인이 됩니다. 각각의 특징이 있는 5개의 은퇴 계좌를 소개합니다.

❶ 401(k):

❷ Solo-401(k):

❸ SIMPLE(Savings Incentive Match Plan for Employees)**-IRA**

❹ Employee Profit-Sharing Contribution Plan:

❺ Safe Harbor Contribution

(4) Defined Benefit Plan(DB)

회사가 고용주와 직원에게 세금공제 혜택이 있는 은퇴 계좌를 만들어서 적립해 주는 제도입니다. 회사는 이 플랜에 투자하는 금액만큼 회사세금공제혜택이 있습니다. 회사가 일정한 양을 매칭해 주는 것은 없습니다. DC plan에 비해서 고용주가 저축할 수 있는 양이 많습니다. 소득이 많아서 당해 연도 세금을 최대한 줄이고 싶은 경우에 이 플랜이 좋습니다.

이러한 제도를 잘 사용하면 비즈니스 오너들도 은퇴 계좌에 돈을 저축할 수 있고 동시에 세금공제혜택을 받을 수 있습니다. 그리고 종업원에게도 혜택을 줄 수 있으니 key employee 관리에 효과적으로 활용할 수 있습니다.

(1)~(4) 은퇴 계좌 설명을 [그림 2]로 정리해 보았습니다.

		Maximum Amount(year)	Catch Up Amount (year)	Roth Plan	Employee Benefit	
	IRA	$6,000	+$1,000 (50+ Age)	Yes	N/A (Personal Plan)	No Administration Cost
	SEP-IRA	Up to 25% earned income / $61,000		No	No Employee contribution allowed, Same Rate with Owner Benefit	Low Administration Cost Simple Employee Pension
DC	401(k)	$20,500	+$6,500 (50+ Age)	Yes	No right of employee match funding	Administration cost
DC	Solo-401(k)	$61,000	+$6,500 (50+Age)	Yes	Only available to owner and spouse	Administration cost
DC	SIMPLE-IRA	$14,000	+$3,000 (50+Age)	No	Mandatory contribution rules for employee	Simple version of 401(k). Low administration cost
DC	Employee Profit Sharing	Up to 25% earned income / $61,000		No	Only Employee Benefit No Owner Benefit	Flexible Employee Bonus
DC	Safe Harbor			No	Same rate with employees	No Return of Employee matching funding
DB	412 (e)(3)	$245,000		No	Same rate with employees	Highest Tax Deduction Plan Administration cost

DC: Defined Contribution, DB: Defined Benefit (Pension)   Qualified Employee:2 years full time worker during recent 5 year

생활경제

④
은퇴연금제도

1 401(k) 작동원리

1935년 미국 루스벨트 대통령 시절에 만든 소셜 연금은 미국인들이 은퇴 후 소정의 연금을 받을 수 있는 연방국가 제도로 자리매김을 하였지만 은퇴 후 생활비로 사용하기에는 절대적으로 부족한 액수입니다. 그러므로 연방정부는 개인 스스로 혹은 직장의 도움을 받아 세금공제 혜택이 있는 은퇴 저축 제도를 만들었습니다. 대표적인 것으로는 1974년에 시작된 근로자 개인이 만드는 IRA(Individual Retirement Account)와 1978년부터 시작된 직장에서 제공받는 401(k)(혹은 403(b), 457, TSP)가 있습니다. 최근 조사에 따르면 미국 직장인의 2/3는 이 제도를 어떻게 활용하는지 잘 모른다고 합니다. 또한 미국 직장인의 절반 정도는 고용주로부터 401(k) 보조금 혜택을 받지 못하고 있는 실정이라고 합니다. 이번 챕터엔 미국인의 직장 은퇴연금제도인 401(k)가 탄생한 배경과 작동원리, 그리고 현재까지 나타난 문제점들에 대해서 알아보겠습니다.

❏ Pension 의 몰락과 401(k)의 등장

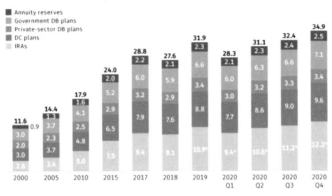

US Total Retirement Market Assets
Trillions of dollars, end-of-period, selected periods

출처: Investment Company Institute

401(k)는 2020년 12월 말 34.9조 달러 규모의 은퇴연금 시장에서 IRA (12.2조 달러) 뒤를 이어 두번째로 많은 (9.6조 달러) 은퇴연금 계좌입니다. 여기서 IRA 계좌의 절반 이상은 직장을 옮겨서 예전 직장의 401(k)가 Roll-Over된 자금이므로 사실상 401(k)가 가장 많은 액수를 차지하고 있다고 볼 수 있습니다. 401(k)는 고용주가 후원해주는 은퇴 플랜이며 1980년대 이후 빠르게 성장하여 미국 근로자에게 가장 인기있는 은퇴 플랜이 되었습니다.

그러나 1980년대까지는 미국 직장인들 대부분은 펜션(Pension, 연금)으로 은퇴준비를 했습니다. 펜션은 고용주가 근속 연수와 최종 급여를 기준으로 종업원의 퇴직 급여 혹은 평생 연금을 계산하는 Defined Benefit Plan(DB, 확정 급여 제도)입니다.

생활경제

1978년 연방의회는 새로운 법안 하나를 통과시켰는데, 이는 직원들에게 주어지는 보너스나 스톡 옵션과는 달리 근로 세금을 유예하는 Defined Contribution Plan(DC, 보조 급여 제도)이라는 새로운 은퇴연금제도 입니다. 이것은 근로자 본인이 세금 연기가 되는 저축 액을 결정하면 고용주는 IRS가 결정한 금액까지 보조(contribution)해 주는 제도 입니다. 고용주가 전체 연금을 지불하고 투자 위험을 부담하는 펜션 시스템에서, 근로자가 비용과 위험을 부담하는 새로운 시스템으로 전환한 것입니다. 일반적으로 고용주는 저축 된 1 달러당 50 센트 비율로 직원 임금의 최대 6%까지 보조합니다. 이러한 401(k)의 고용주 친화적 특성은 기존의 직장연금제도를 빠르게 대체했습니다. 고용주는 이러한 401(k)를 법인세 절감과 좋은 인재 확보를 위한 무기로 사용합니다. 근로자는 이렇게 저축한 금액을 은퇴 전까지 주식시장의 여러 금융상품에 투자합니다.

▣ 401(k) 투자 구조

일반적으로 401(k)는 네 가지 방법으로 투자 할 수 있습니다.

❶ 고용주 주식
❷ 개인 주식
❸ 뮤추얼 펀드(Mutual Fund)
❹ 다양한 기업 및 부문에 동시 투자하는 ETF(Exchange Traded Funds)

이 중 뮤추얼 펀드가 가장 인기있는 옵션입니다. 2020년 9월 기준으로 전체 401(k) 액수의 약 62% 차지하고 있습니다. 401(k) 인기로 말미암아 뮤추얼 펀드상품을 가지고 있는 증권회사들이 비약적으로 발전했습니다.

Pre-tax dollar로 저축하는 401(k)와 달리 After-tax dollar로 저축하는 Roth-401(k)도 있습니다. 여기에 저축하는 것은 전적으로 본인에게 달려 있지만 앞으로 임금 성장이 예상되는 젊은 근로자에게는 Roth 옵션이 더 좋다고 봅니다.

은퇴 자산을 운영하려면 분산투자가 매우 중요한데 여기에는 위험부담 성향과 나이가 중요한 역할을 합니다. 이러한 투자 방법에 익숙하지 않은 사람들을 위해 분산투자를 자동으로 수행해 주는 Target-date Funds*와 같은 금융상품도 있습니다. 이 상품은 투자 리스크를 감소하는 데 도움이 됩니다.

은퇴 저축은 오랫동안 투자해야 하는데, 롱 텀으로 볼 때 주식의 수익이 다른 투자 자산보다 높은 경향이 있으므로 단기간 하락에 당황하지 않는 것이 중요합니다. 주식시장에는 단기 하락이 자주 일어날 수 있지만 장기간 지속되지는 않으며 시간이 지나면 수익이 높아지게 될 것이라는 믿음이 있어야 합니다. 이런 면을 고려해 볼 때 뮤추얼 펀드가 주 투자 옵션인 401(k)가 Self-directed IRA 투자

---

* 정해진 시간 동안에 리스크와 수율을 최적화하기 위해 주기적으로 리밸런싱 하는 금융자산 (Mutual Fund or ETF). 예: Fidelity Freedom Target Funds (2030 Fund, 2050 Fund, 2060 Fund)

옵션보다 보수적 자금 운용이 가능합니다.

▣ 401(k) 혜택 받지못하는 계층

최근의 코비드 사태는 미국 경제에 큰 영향을 미쳤지만, 놀랍게도 401(k)에 미치는 영향은 크지 않았습니다. 연준(FED)의 발 빠른 대응으로 주식시장과 자산가치가 다시 반등하였기 때문입니다. 중상류층과 부유한 사람들은 코비드 경제 위기에 잘 대응하고 있습니다. 그러나 2020년 팬데믹 상황에서 고용주의 약 8% 정도가 비용을 절감하기 위해 401(k) 지원 혜택을 삭감했습니다. 연방 데이터에 따르면 5만 1천개 이상의 401(k)가 삭감 됐는데, 주로 중소기업들이 이러한 비용 절감 조치를 많이 했습니다. 민간부문 근로자의 절반가량은 고용주가 후원하는 은퇴적금계좌를 가지고 있지 않습니다. 소규모 산업 현장에서 일하는 근로자는 은퇴 계좌를 거의 제공받지 못합니다. 이들은 받을 자격이 없는 포지션이거나 회사가 제공하지 않기 때문입니다. 여기에는 Contractor, Part-time worker 또는 자영업자들도 포함되는데 이들의 숫자는 점점 증가하고 있습니다. 그러나 프리랜서이거나 자영업자들도 자신 만의 은퇴 플랜을 세울 수 있습니다. 일반 401(k)처럼 작동하는 Solo- 401(k)나 SEP-IRA를 가질 수 있습니다. 401(k) 자체가 가진 문제보다는 근로자들의 재정 교육 부족이 더 큰 문제라고 생각합니다.

수개월 간의 경제 불확실성으로 인해 일부 사람들은 본인 은퇴 저축 계좌에서 돈을 인출해 사용했습니다. 2020년 봄에 통과 된 CARES ACT는 개인이 최대 $100,000까지 인출 시 10%의 조기 인출 페널티를 적용하지 않게 함으로 COVID19 으로 고통받는 근로자를 돕고자 했습니다. 그 당시 재정 전문가들은 팬데믹 기간 동안에 많은 돈이 조기 인출 될 것이라고 걱정했었습니다. 왜냐하면 401(k)에서 돈을 인출하는 것이 평상시보다 매우 쉬워졌기 때문입니다. 그러나 우려와 달리 예상보다 적은 돈이 인출되었습니다. 팬데믹으로 고통받고있는 사람들의 대부분은 은퇴 계좌를 가지고 있지 않은 계층이기 때문입니다.

이와 같이 401(k)는 직장인들에게 고용주의 보조금과 세금혜택을 주어서 노후생활비를 위해 준비할 수 있게 하는 가장 대표적인 저축 플랜이 되었습니다.

2 Tax-Qualified 개인 은퇴연금제도
- 401(k) & IRA

Tax-Qualified Retirement Savings

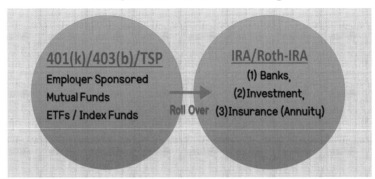

연방정부는 근로자들에게 은퇴 대비 저축을 장려하기위해 세금 혜택을 주는 Tax-Qualified 은퇴연금제도를 1974년 IRA제도부터 만들기 시작했습니다 (Employee Retirement Income Security Act of 1974).

직장인 Tax-Qualified 은퇴연금계좌는 401(k)를 포함해서 403(b), 457, 그리고 TSP등이 있습니다. 고용주가 스폰서 해주고, 고용주가 계약한 증권회사에서 이를 운용하는 은퇴구좌이기 때문에 대부분 증권회사의 Mutual Fund 상품으로 존재합니다.

개인과 자영업자들의 Tax-Qualified 은퇴 연금 계좌는 IRA (Individual Retirement Account)가 있는데, Pre-Tax Contribution의 IRA와 After-Tax Contribution의 Roth-IRA로 나눌 수 있습니다. IRA는 매년 저축하는 액수만큼 근로 세금을 공제해 주었다가

은퇴 후 돈을 찾을 때 근로 세금을 내는 Tax-Deferred 카테고리에 있는 은퇴 계좌이고, Roth-IRA는 저축할 때 세금공제 혜택은 없으나 은퇴 후 돈을 찾을 때 원금과 이자에 대해서 세금을 내지 않는 Tax-Advantage 카테고리에 있는 은퇴 계좌입니다 (Chapter 3-2, 그림 1 참조).

본인이 일하고 있는 회사와 연결된 증권회사가 운용하는 401(k)와 달리, IRA와 Roth-IRA는 개인이 증권회사, 은행, 보험회사 중 하나를 지정하여 운영하는 은퇴 계좌입니다. 59.5 세가 지난 근로자의 401(k)와 예전 직장의 401(k)는 IRA로 Roll-Over 해서 본인이 직접 은퇴자금을 운용할 수가 있습니다. 401(k) 의 투자 옵션은 대부분 증권회사의 뮤츄얼 펀드로 제한이 있는 반면에, IRA는 투자 옵션에 아무런 제한 없이 개별 회사에 직접 투자하는 등, 본인이 원하는 방향으로 자금을 운용할 수 있습니다. 이것은 IRA가 가지고 있는 가장 큰 장점입니다. 실제로 IRA를 가지고 있는 미국인의 59%는 예전 직장의 401(k)를 Roll-Over 된 자금이 포함되어 있다고 합니다.

고용주의 은퇴플랜 베네핏으로 만들어진 401(k) 계좌는 본인이 저축하는 양만큼 매년 세금공제를 받습니다. 여기에 고용주가 정해진 양만큼의 Free Money를 보조 받아 주식시장에서 증식합니다. 그러나 401(k)는 증권회사에 의해 주식시장의Mutual Fund 형식으로 존재하고 있기 때문에 증권회사의 fee가 포함되어 있습니다. 2001년, 2008년과 같은 금융위기 때와 같이 투자 변동성이 큰 시

생활경제

기에는 내 자산이 많은 손실을 볼 수 있는 가능성도 있습니다. 한편 은퇴 후 자금 활용 할 때 세금혜택을 받는 Roth-401(k)도 있으므로 본인이 미리부터 잘 설계 할 필요가 있습니다.

❏ 401(k)와 IRA의 Roll-Over 하는 방법

개인 은퇴 구좌는 대부분, 은행에서는 CD 형식으로, 증권회사에서는 Mutual Fund 형식으로, 그리고 보험회사는 Annuity 형식으로 운영합니다. 증권 회사가 운영하는 401(k) 나 IRA는 Market Risk가 있기 때문에 본인의 은퇴 자금 계획에 따라 보다 안전한 곳으로 Roll-Over를 할 수 있습니다. 예를 들어, 주식시장에 투자되고 있는 401(k) 나 IRA는 은행의 CD 형식으로, 혹은 보험회사의 Annuity 형식으로 추가비용없이 Roll-Over를 할 수 있습니다. 은행의 CD는 아주 작은 고정 이자를 받지만, 입/출금이 비교적 자유로운 장점을 가지고 있고, 보험회사의 Annuity는 단기간에 출금할 수는 없지만 안정적이고 비교적 높은 이자를 받을 수 있는 장점이 있습니다(Chapter 3-2, 그림 2 참조).

이러한 Roll-Over는 같은 Tax Category(Tax deferred or Tax Advantage) 안에서만 할 수 있습니다. 그러나 경우에 따라서는 IRA 나 401(K)를 우선 출금해서 소득 세금을 다 내고, Tax-Advantage Category의 Roth-401(k)나 Roth-IRA로 이전하는 Roth-Conversion 의 저축 전략을 사용 할 수 있습니다.

LA에서 New York을 출장 갔다 오는데 여러 가지 교통수단 중 본인의 취향과 출장 목적에 맞게 선택할 수 있듯이 은퇴 계좌 종류도 매우 다양하므로 전문가와 상담하여 본인의 상황과 목표에 맞는 은퇴 플랜을 잘 설계하는 것이 중요합니다.

▣ Tax-Qualified 은퇴 저축 구좌인 401(k), IRA, Roth-IRA의 주요 특징

Tax-Qualified 은퇴 저축 계좌는 본인의 나이, 수입, 그리고 저축하는 양에 대한 제한이 있습니다. 예를 들어 59.5세 이전에 401(k)나 IRA계좌에서 돈을 인출하면 10% Early Withdrawal Penalty 가 있습니다. 72세 이후에는 반드시 일정한 양의 금액을 인출 해야 하는 규정(Required Minimum Distribution, RMD)이 있는데 이를

401K, IRA, and Roth-IRA Key Differences (2022)

	401k	IRA	Roth-IRA
Contribution	Pre-Tax	Pre-Tax	After-Tax
Distribution (Withdrawal)	Taxed	Taxed	Not Taxed
Contribution Limits	20,500 (before 49 yrs) 27,000 (after 50 yrs)	6,000 (before 49 yrs) 7,000 (after 50 yrs)	6,000 (before 49 yrs) 7,000 (after 50 yrs)
Income Limits	None	65k ~ 75k (single) 104k ~ 124k (married)	124k ~ 139k (single) 196k ~ 206k (married)
Distributions can begin	59 ½ yrs	59 ½ yrs	Any Time (not including earning)
Required Minimum Distribution (RMD)	72 yrs	72 yrs	None (unless Roth-IRA is inherited)
Who maintains the account?	Employer	Self	Self

생활경제

지키지 않으면 많은 양의 Penalty를 내야 합니다. 특별히 고소득 자영업자들에게는 IRA와 Roth-IRA를 이용할 수 없는 규정(Income Limit)이 있으니 유의하시기 바랍니다.

IRA와 Roth-IRA를 동시에 사용 할 때는 매년 입금 총액이 6,000불(49세 이하) / 7,000불(50세 이상)이 넘으면 안 됩니다.

이와 같이 Tax-Qualified 은퇴 저축 계좌는 여러 가지 세금에 대한 규정이 있기 때문에 "본인과 IRS가 Joint-Account로 갖고 있는 계좌다" 라 생각하면 이해하기 쉽습니다.

주식투자를 Roth-IRA 계좌 안에서 하시면 많은 유익이 있습니다. 왜냐하면 나중에 출금할 때 투자수익에 대한 양도세(Capital Gain Tax)가 없는 커다란 장점이 있기 때문입니다.

3 Annuity _(개인연금)

Annuity(개인연금)은 저축해서 증식된 돈을 동일한 양으로 매월, 매 분기, 혹은 매년 Life-Time으로 받을 수 있게 한 보험회사의 금융상품입니다. 개인이 은퇴연금용으로 활용할 수 있는 Annuity는 은행에 들어가는 CD(Certified Deposit)가 아니라, 보험회사에 들어가는 CD라고 생각하시면 쉽습니다. 은행에 들어가는 CD는 단기간 계약을 하고 정해진 고정 이자(Fixed Interest)를 받게 됩니다. 그리고 받은 이자에 대해서 매년 세금을 냅니다. 그러나 보험회사에 들어가는 CD인 Annuity는 3-14년, 장기간 계약을 하고 그 기간에 선택한 이자(Fixed, Variable, and Indexed Interest)를 복리 이자(Compound Interest)로 받게 되는데, 받은 이자에 대해서는 출금하기 전 까지는 세금을 내지 않습니다.

▣ Qualified & Non-Qualified Annuity

Annuity는 다른 은퇴 금융상품과는 달리 세금혜택이 있는 (Tax-Qualified) 상품과 세금혜택이 없는(Non-Qualified) 일반 연금상품 두 가지를 다 가지고 있습니다. 401(k)나 IRA로 존재하는 Tax-Qualified Annuity는 Pre-Tax Contribution한 부분과 이후 이자를 받아 증식이 된 부분으로 구성되어 있는데, 나중에 돈을 출금할 때에는 Contribution 한 부분과 이자 받은 부분에 대해서 모두 세금을 내야 합니다. 한편 은퇴에 관련된 세금 규정이 없는 일반 연

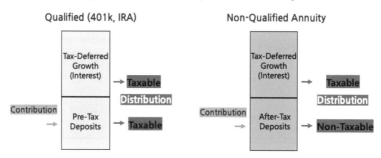

Qualified vs. Non-Qualified Annuity

금 상품(Non-Qualified Annuity)는 이자 받은 부분에 대해서만 출금 할 때 세금을 냅니다.

☐ Annuity 구성

Annuity는 (1) 처음 돈이 들어가는 Contribution, (2) 그 돈이 증식되는 Accumulation, (3) Life Time 동안 일정한 돈이 인출되는 Distribution기간으로 구성되어 있습니다. 그리고 생전에 인출을 다 못하고 남은 금액은 Beneficiary에게 상속됩니다. 여기서 두 번째 구성요소인 돈이 증식되는 Accumulation 기간 동안 받는 이자에 따라서 (1) 변동 이자를 받는 Variable Annuity, (2) 고정 이자를 받는 Fixed Annuity, 그리고 (3) 인덱스 이자를 받는 Fixed Index Annuity로 나눌 수 있습니다. 미국의 Annuity Market Share는 예전에는 Variable Annuity(변액 연금)가 많았지만 요즘에는 Fixed Index Annuity(지수형 연금)가 더 많아졌습니다. [그림 2]

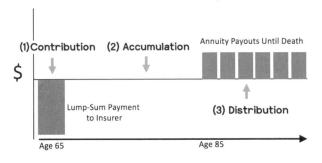

Deferred Income Annuity (DIA)

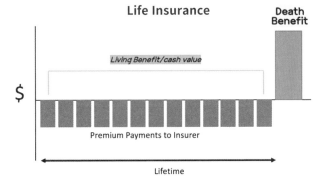

Life Insurance

에서 보시는 바와 같이, 세 개의 구성요소로 되어있는 Deferred Income Annuity가 가장 일반적인 형태인데, Accumulation 기간을 생략한 Single-Premium Immediate Annuity도 있습니다. 아무리 Accumulation 기간이 생략되어 있더라도 Distribution 기간에 돈이 지불되지 않고 남은 금액은 각각 정해진 이자에 따라 돈이 계속 증식되므로, Annuity는 어떤 조건의 이자를 받는 상품인가가 가장 중요합니다.

Annuity의 구조는 생명보험(Life Insurance)과 반대라고 생각하면 이해하기 쉽습니다. 일반적인 Life insurance은 오랜 기간에 걸쳐 일정한 돈을 저축해서 생전에 Living Benefit과 사후에 확정 금액(Death Benefit)을 한꺼번(Lump-Sum)에 받는 형식으로 구성되어 있습니다(그림 3). Annuity나 Life Insurance는 보험회사에서 다루는 금융상품으로서 본인의 상황과 목적에 맞게 잘 디자인하면 소셜연금으로는 은퇴 후 생활비로 부족한 부분을 보충 할 수 있습니다.

▣ Fixed Index Annuity

3가지 Annity 유형 (1) Variable, (2) Fixed, (3) Fixed Index Annuity 중 요즘 가장 인기가 있는 Fixed Index Annuity는 [그림 4]에서 볼 수 있듯이, 정해진 Cap 이자와 Bottom(0%)이자 사이에서 연동되는 인덱스 이자(Fixed Index Interest)를 받아 자산이 증식

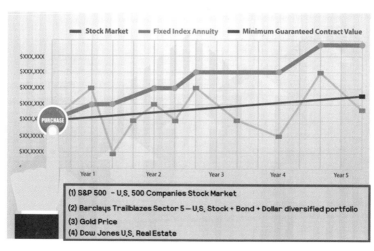

되는 금융상품인데, 주식시장 시세가 좋지 않을 때 원금을 보전해 주는 가장 큰 장점(Zero is your hero)을 가지고 있습니다. 이 상품에서 많이 사용되는 Fixed Index credit option은 (1) 미국 주식시장을 반영하는 S&P 500 Index, (2)미국 주식 시장뿐만 아니라 채권과 달러 현찰로 아주 잘 분산된 포트폴리오를 갖고 있는 Barclays Trailblazer Sector 5 Index, (3) 주식 시장과는 반대로 연동되는 Gold Price Index, (4) 미국 주택 시장을 반영하는 Dow Jones US Real Estate Index 등을 들 수 있습니다. 이러한 여러 종류의 인덱스 이자를 본인의 취향에 맞게 잘 조합해서 맞춤형 개인연금 상품을 가지고 있게 되면 주식시장 시세가 좋지 않을 때에도 내 은퇴 자산을 안전하게 보호하면서 증식할 수 있습니다.

코로나19 바이러스로 인해 2020년은 전 세계적으로 금융위기를 겪었고, 2021년엔 인플레이션에 대한 공포가 있습니다. 특별히 은퇴 자산에 대해서는 Market Risk가 없는 안전한 곳에 옮겨 놓고

Chapter 4·3
그림 5

생활경제

관리하는 것이 현명하다고 생각합니다. 이런 면에서 미국 보험회사에서 다루는 Fixed Index Annuity는 매우 매력적인 금융상품이라고 생각합니다. Fixed Index 금융 상품은 아직까지 한국에는 없는 금융상품인데, 증권시장의 Market Risk를 보완한 진화된 미국 금융상품으로서 지금까지 약 20여 년간 안정성/수익성이 증명된 금융상품이라고 볼 수 있습니다. 요즘과 같은 경제위기가 고조될 때 감정에 휘말리지 마시고 본인의 은퇴 자산을 전문가와 함께 냉정하게 점검해 보기 바랍니다.

다음은 너무나 많은 편견으로 상처가 많은 생명보험에 관한 내용입니다. 생명보험의 기능을 잘 활용하면 세금 걱정 없는 은퇴연금 대용으로 사용할 수 가 있는데 다음 쳅터에서 설명하겠습니다.

4 Life Insurance로 은퇴연금 만들기

미주 한인들에게 "보험은 가지고 계십니까"라고 여쭤보면 당연히 가지고 있다고 말씀하시면서 의료보험, 자동차 보험, 집 보험에 대해서 말씀하십니다. 비즈니스를 운영하시는 분은 사업주 보험이나 종업원 상해보험 등을 말씀하시지만 생명보험(Life Insurance)에 대해서 말씀하시는 분은 많지 않습니다. 아마도 대부분의 보험들은 반드시 들어야 하는 속성(mandatory)이 있지만, 생명보험은 선택사항(optional)이기 때문인 것 같습니다. 그리고 생명보험은 사 후에 내 가족이 쓸 수 있는 것으로 만 알고 있지, 생전에도 사용할 용도가 많다는 것을 잘 모르기 때문 아닐까요? 그래서 이번 챕터는 생명보험을 은퇴연금으로 사용하는 방법에 대한 것입니다.

◨ 생명보험의 4가지 기능

미국 보험은 크게 다음의 세가지 종류로 나누어 집니다.

❶ PNC(Property and Casualty) **Insurance**
　: Car and Business Insurance,
❷ **Accidental and Health Insurance**
❸ **Life Insurance**

참고로 한국 보험은 다음의 네 가지로 나눌 수 있습니다.

❶ **손해보험** : 화재보험, 자동차 보험, 여행자 보험
❷ **의료보험**
❸ **생명보험**
❹ **제3보험** : 손해보험회사와 생명보험회사가 취급하는 미국의 Living benefit과 유사한 기능을 가지는 상품. 예를 들어, 어린이(태아)보험, 암 보험, 질병 보험, 실손 의료보험, 치매/간병 보험 등.

미국은 Life Insurance 와 PNC Insurance가 뚜렷이 구분되어 있는 것과 달리, 한국은 생명보험과 손해보험이 제 3의 보험 상품을 동시에 가지고 있는 것 같습니다.

미국 생명보험의 기능을 4가지로 요약하면 다음과 같습니다.

❶ Protection : Living benefit + Death benefit
❷ Cash Accumulation
❸ Tax Advantage
❹ Estate Planning : Non-Probate Transfer

생명보험이라는 금융상품은 시대정신에 맞게 진화 하면서 기존의 사망 보상 기능뿐만 아니라 사고, 재난, 중병들과 같은 인생의 중대한 고비를 대비한 여러 재정 보호 기능들을 가지고 있습니다. 여기서 2, 3 번 기능들을 이용하여 **내 몸을 담보로 하여 은퇴저축구좌로 사용**할 수 있습니다. 내 주택을 담보로 저금리 돈을 빌리는 주택담보대출이 있듯이 말입니다.

▉ 생명보험회사 구조

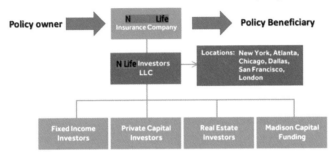

- Social Security 구조와 매우 유사. 생명보험회사는 미국 금융시스템에서 큰 투자기관

생명보험회사는 미국 금융시스템에서 큰 투자 기관 역할(Buy side)을 합니다. 왜냐하면 Policy Owner 들에게 받은 Premium을 주정부 규정에 맞게 투자 하여서 자금을 운용하기 때문입니다. [그림 1]은 미국의 가장 대표적인 생명보험 회사인 N Life Insurance Company의 구조입니다. 흥미롭게도 회사 구조가 Social Security Administration 운용 시스템과 매우 유사합니다. 왜냐하면 소셜연금도 보험의 일종이기 때문입니다.

▉ 생명보험의 종류

생명보험이라는 금융상품이 탄생한 이후로 여러 용도의 상품들이 생겨났습니다. 이건 마치 다양한 용도의 자동차(트럭, 버스, SUV, 세단)가 존재하는 것과 매우 흡사 한데요, 생명보험은 [그림 2, 3]과 같은 다양한 상품들을 가지고 있습니다.

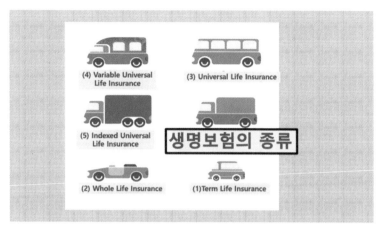

	Death Benefit /Tax Advantage	Premium (보험료)	Cash Value (저축성)	Flexible Premium	Interest (이자)
1. Term Life Insurance	Yes	Low	No	No	N/A
2. Whole Life Insurance	Yes	High	Yes	No	Fixed
3. Universal Life Insurance	Yes	High	Yes	Yes	Fixed
4. Variable Universal Life Insurance	Yes	Medium	Yes	Yes	Variable (직접투자)
5. Indexed Universal Life Insurance	Yes	Medium	Yes	Yes	Indexed (간접투자)

- 5. Index Universal Life Insurance 는 한국에는 아직 없는 금융상품입니다.

여기서 은퇴 연금으로 활용할 수 있는 Cash Value가 있는 생명보험은
3-5입니다. 이 중 5. Indexed Universal Life Insurance는 한국에
아직 없는 금융상품입니다. 이들은 어떠한 원리로 cash value가 증식
할까요?

◗ 생명보험을 은퇴연금으로 활용방법

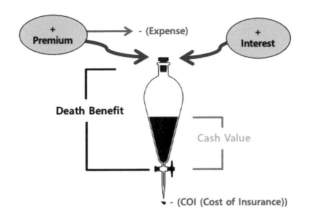

❶ 생명보험 주인이 내는 Premium(월 보험료)에서 정해진 보험회사 비용 (Expense)과 Cost of Insurance를 제외한 나머지는 생명보험 돼지 저금통에 들어가서 정해진 이자(고정 이자, 변동 이자, 인덱스 이자)를 받으며 증식합니다.

❷ 생명보험은 장기 플랜이므로 일정기간(보통 10~15년)에 도달 할 때까지는 Cancel 했을 때 보험회사의 Surrender charge(위약금)가 있습니다.

❸ 장기적으로 꾸준히 저축하면 매년 받는 이자가 (1)에서 언급한 비용들을 넘어서게 됩니다. 그러면 이때부터 Cash value는 본격적으로 복리효과를 받아 증식하게 됩니다. 보통 Surrender charge가 존재하는 기간 전에 해약하면 보험회사가 이기는 게임이고, 그 기간이 넘어가면 생명보험 주인이 이기는 게임이 되어 다른 금융상품에 없는 여러 장점들을 활용할 수 있습니다.

❹ 어느정도 이상의 Cash value가 쌓이게 되면 이것을 담보로 보험회사로부터 일정한 돈을 빌릴 수 있습니다. 물론 여기에는 빌린 돈의 이자가 발생하지만 여러분의 생명보험에서는 빌린 돈 액수와 상관없이 이자를 계속 받기 때문에, 이자가 서로 상쇄되어 마치 세금 없는 연금같이 사용할 수 있습니다.

❺ 생명보험의 Cash value에서 은퇴 연금으로 사용하려면 복리 이자를 많이 받을 수 있는 (5) Index Universal Life Insurance가 가장 유리합니다. 이것은 한국에는 아직 없는 금융상품이기에 한국 생명보험으로는 은퇴 연금을 사용하기엔 어려움이 있습니다.

- 실제 예를 들어 설명하면 이해하기 수월할 것 같습니다.
  40살의 건강한 여성 A씨가 50만 불의 인덱스 생명보험을 계약을 하고 한달에 500불씩 꾸준히 25년간 저축한다고 가정해 보겠습니다. 그러면 이 생명보험을 통해 A씨는 5년 후 일년에 2만불씩 자녀 대학 학자금으로 사용 할 수 있고, 26년후 나이가 66세가 되어 세금 없는 은퇴연금으로 매년 4만 4천불 정도를 15년간 사용 할 수 있게 됩니다.

- 자세한 Illustration 도표는 미국 재정가이드 네이버 블로그를 참조해 주시기 바랍니다(https://blog.naver.com/danielmoon33/222384065841).

⑤ 금융 제도

1 Structure of Financial Institutes

미국 경제정책의 파워 컨트롤러인 연준과 미국 금융시장 구조에 대한 이해가 선행되면 여러분의 투자는 좀 더 올바른 방향으로 갈 수 있습니다.

❏ FED(연방준비제도)

연준(Federal Reserve System (FED), 연방준비제도)은 미국의 중앙은행입니다. 1907년 경제공황 때 연방의회는 은행의 문제들을 조사하고 개선안을 제시하기 위해 국가화폐위원회(National Monetary Commission)라는 특별위원회를 신설했습니다. 이 위원회가 조직되자 위원장인 넬슨 W. 앨드리치 연방 상원의원은 2년 동안 유럽의 중앙은행들을 시찰하고 와서 미국의 재력가 7명과 JP모건 대저택에서 비밀 회동을 가졌습니다. 이들은 미국 중앙은행법을 헌법에 넣기 위해 법안 작성에 들어갔는데, 법안의 주요 내용은 미국 화폐의 독점 발행권을 만들어서, 금 없이도 화폐를 발행하도록 하는 것이었습니다. 그리하

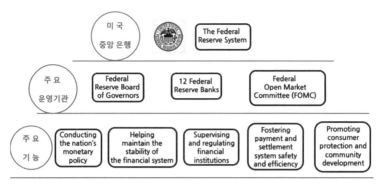

출처: Investopedia

여 1913년 12월 23일 미 연방준비법(Federal Reserve Act)이 의회를 통과하여 연준이 설립 되었습니다. 그 이후 1930년대의 경제 대공황, 2차 세계대전, 1970년대 인플레이션, 2008년 금융위기, 2020년 COVID 19와 같은 큰 사건들을 겪으면서 연준의 역할은 점점 더 커지게 되었습니다.

연준은 미국 대통령이 임명하고 연방 상원이 인준한 이사 7명으로 이루어진 연방준비제도이사회(Federal Reserve Board (FRB))에 의해 운영되며, 연방정부로부터 독립성을 보장받고 있습니다. 연준의 목표는 미국경제를 여러가지 위험요소로부터 충격을 완화하여 원만하게 운영하는데 있습니다. 연준의 가장 중요한 기능은 달러 통화량 조절이며, 그 외에 연방기금 금리 조정, 미국정부 빚 조정, 주식 거래에 대한 신용 규제, 가맹 은행 감시/규제 등을 결정합니다. 미국 달러가 세계 기축통화로 쓰이고 있는 만큼, 연준의 결정은 미국 뿐만 아니라 세계 경제 전반에 영향을 미치기 시작했습니다. 이러한 역할은 최근 COVID 19 사태로 인해 더욱 강화 되어, 연방공개시장 위원회 (FOMC)의 정례회의 내용에 전 세계가 촉각을 세우고 있습니다. FED 가 한국은행으로 비유한다면 FOMC는 한국은행 산하의 금융통화 위원회로 말할 수 있습니다.

FRB는 워싱턴 D. C.에 위치하고 현행 임기 4년의 의장은 제롬 파월입니다. 전 의장인 자넷 엘렌은 현 바이든 정부의 재무부 장관입니다. 미국 각지에 연방준비은행(Federal Reserve Banks) 12개 지점(보스턴, 뉴욕, 필라델피아, 시카고, 샌프란시스코, 클리블랜드, 리치먼드, 애틀랜타, 세인트루이스, 미니애폴리스, 캔자스시티, 댈러스)이 있습니다. 연방준비은행은 국립은행으로 생각하는 분들이 많이 있지만 JP모건 체이스 등 사립은행들이 지분을 100% 소유하고 있으며 연방정부는 지분을 가지고 있지 않습니다.

FRB는 지난 2008년 금융위기때와 2020년 팬데믹 때 침체된 경기를 부양하기 위해 대규모 양적완화 정책(Quantitative easing policy)을 시행하였습니다. 그리고 2021년 11월부터는 인플레이션의 우려로 인해 긴축정책(Tapering)을 시작했습니다. 이러한 연준의 움직임은 미국뿐만 아니라 세계금융시장에도 막대한 영향을 미치고 있습니다. 연준의 이러한 정책변화는 여러분의 가정경제에 어떤 영향을 미칠까요?

◼ Financial Industry structure(금융시장 구조)

금융시장은 다음과 같이 분류 합니다.

❶ **Credit Market** : 중앙은행과 일반은행사이의 관계. 일반은행업무

❷ **Currency Market** : 외환시장(Foreign Exchange Market)

❸ **Investment Market** : Real Estate, Commodity(Oil, Gold)

❹ **Securities Market** : 주식시장(Stock Market)
  - stock, bonds, indices, derivatives, ETF securities

❺ **Insurance Market** : 보험 서비스 시장.
  - 보험회사는 모아진 자금을 ❸, ❹ 마켓에 투자하여 운용합니다.

여기서 ❸과 ❹는 투자 시장이라는 비슷한 성격을 가지고 있으나 ❸ 실물 투자, ❹ 금융 투자로 구분해서 이해하시면 쉽습니다. 이중 일반인에게 가장 밀접하게 연관이 있는 ❹ 주식시장의 구조에 대해 좀 더 자세히 알아봅니다.

▣ 미국주식시장 구조

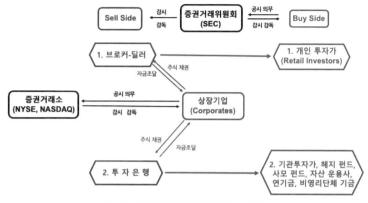

출처: "뉴욕주민의 진짜 미국식 주식 투자" 책

(1) 규제당국

❶ **증권거래위원회**(Securities Exchange Commission (SEC))
모든 금융거래가 합법적으로 이루어질 수 있도록 감독하는 기관입
니다.

❷ **증권거래소**(Stock Exchange, NYSE, NASDAQ)
SEC 감시아래 주식을 거래하는 기관입니다. 뉴욕에 있습니다.

(2) Buy Side (갑)

❶ **개인 투자가**(Retail Investors)
브로커–딜러(Brokerage Company)를 통해 상장기업의 주식/채권에
투자하여 기업에 자금을 공급하며, 기업의 수익에 대한 지분을 얻

습니다.

❷ 기관투자가(Institutional Investors), 보험회사(Insurance Company), 헤지펀드(Hedge Funds), 사모펀드(Private Equity Funds), 자산 운용사(Asset Managers), 연기금(Pension Funds), 비영리단체 기부금(Endowment Funds)

(3) Sell Side (을)

❶ **브로커-딜러**(Brokerage Company)는 Buy Side (1)에게 각종 금융상품을 판매합니다.

❷ **투자은행**(Investment Banks)은 Buy Side (2)에게 각종 금융상품을 판매합니다.
을(Sell Side)은 갑(Buy side)에게 매매 수수료를 받는 대가로 기본 매매 업무뿐만 아니라 기업 연계 서비스도 제공합니다.

(4) 상장기업(Corporates)

■ 주식시장 구조 안에서 자사 주식과 채권을 Sell Side에 팔고 그 대가로 기업 운영에 필요한 자금조달을 합니다.

■ 투자가를 위해 규제/거래 당국의 룰에 맞게 기업경영을 투명하게 해야 합니다.

다음의 질문에 대해 생각해 보신적 있으신가요?

Q.
01
내가 Brokerage Company를 통해서 구매한 회사 주식은 발행한 회사에게 어떠한 영향을 미칠까요?

Q.
02
내가 투자한 자산운용사의 특정 펀드는 투자은행이 어떤 목적으로 만든 펀드이며 관련된 회사는 어떤 혜택이 있을까요?

Q.
03
내가 내고있는 소셜 연금 세금은 국가에서 어떻게 운용하고 있을까요?

📖 일반 은행 구조

미국에서는 일반인이 이용할 수 있는 은행을 Commercial Bank(혹은 Retail Bank)라고 부르는데, 대표 은행으로는 미 전역 대리점이 많은 Chase Bank(1위)와 Bank of America(2위)를 들 수 있습니다.

은행이 하는 일은 개인, 각종 단체, 그리고 회사로부터 돈을 받아서(Deposit), (1) Checking Account Service, (2) CD 같은 금융상품을 운영하고, (3) 모기지, 자동차 론, 비즈니스 론 서비스를 제공

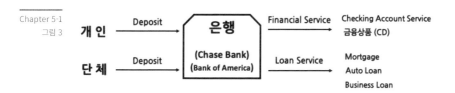

Chapter 5-1
그림 3

합니다([그림 3] 참조).

은행의 주 수입원은 낮은 금리(단리 이자)의 돈을 받아서(Deposit), 높은 금리(복리 이자)의 대출 서비스(Loan)를 운영하면서 생긴 차익입니다. 개인 재정도 은행과 같이 낮은 비용의 돈을 받아서 높은 금리를 받을 수 있는 곳에 저축을 많이 하는 쪽으로 운영한다면 현명하지 않을까요?

2 Banking & Investing

❑ Banking

미국 생활에서 금융거래의 가장 기본이 되는 장소는 은행입니다. 그러므로 미국 생활을 시작할 때 제일 먼저 찾아가는 금융기관은 은행이고 미국 생활 초창기에 가장 많이 방문하는 곳도 은행입니다.

미국 은행에서 계좌를 개설하고 Debit Card(한국의 체크카드 같은 것)를 만드는 방법에 대해서 알아봅니다. 미국에 이사 올 때 현금(보통 1만달러 이하, 그 이상은 IRS에 신고)은 지참하겠지만, 기본 경제생활을 위해선 은행계좌를 만들어야 합니다. 요즘은 보통 핸드폰을 먼저 개통하고 소셜 카드를 발급받은 후에 은행을 방문하여 계좌 개설을 하게 됩니다. 자녀가 장성하여 은행 계좌를 처음 만들어 줄 때도 다음의 내용을 이해하면 도움이 많이 될 겁니다.

(1) 은행 선택

한국은 제1금융, 제2금융등 수많은 은행들이 있습니다. 미국도 많은 은행이 있지만 제1금융으로 가장 믿을 만하고 전국적으로 지점이 많고, 또한 본인이 살고 있는 지역에서 가까운 곳에 지점과 ATM 기계가 있는 은행을 선택하시기 바랍니다. 미국에서 유명한 은행으로는 Bank of America, Chase Bank, Citi Bank 등이 있습니다. 그리고 제가 살고있는 캘리포니아 주는 Wells Fargo 은행 지점도 많이 있습니다.

(2) 은행 계좌 종류

미국 은행에는 다양한 계좌가 있습니다. 그 중 가장 많이 이용하는 계좌는 Checking account(CA)와 Saving account(SA)가 있습니다. CA는 Check(수표), Credit Card, Debit Card를 발행할 수 있는 계좌로 이자가 없습니다. 그리고 일정 금액 이하로 떨어지면 수수료를 내야 할 수 있으니 항상 주기적으로 잔액을 확인해야 합니다. 만약 부부가 공동명의로 개설을 하면, personal check(개인수표)를 발행할 때 둘 중 한사람의 사인으로도 처리 가능합니다. SA는 이자가 붙는 계좌로 입금은 자유롭게 할 수 있지만 출금 회수 제한 등이 있으며 CA와 마찬가지로 일정 금액 이하로 잔액이 떨어지면 수수료를 내야할 수 있습니다.

많은 사람들이 요즘과 같은 저금리 시대에 SA 존재이유를 모릅니다. 미국에서는 여러분의 크레딧카드, 데빗카드, 디지털 뱅킹에 범죄가 많이 일어납니다. 그러므로 여유 돈은 SA에 보관하다가 현재 꼭 필요하고 사용할 돈을 CA에 옮기고 사용하는 것이 가장 안전한 방법입니다. 한편 한국과 거래가 많은 분들은 한국계 은행을 이용하면 편리한 점이 있습니다. 한 가지 이유를 꼽자면 송금 수수료가 미국 메이저 은행보다 저렴합니다.

SA는 이자율이 매우 낮은 편이어서 저축을 목적으로 하는 은행 계좌는 주로 CD(Certified Deposit)를 이용합니다. CD는 정해진 기간에 정해진 이자를 주는 예금인데, IRA나 Roth-IRA같은 세금 혜택 있는 은퇴 계좌도 만들 수 있습니다.

생활경제

POD(Payment on Death)는 계좌를 개설한 개인이 사망했을 때, 계좌의 돈이 Probate과정을 거치지 않고 지정된 수혜자에게 바로 전달되는 은행 계좌입니다. 상속과 장례목적으로 많이 이용되는 은행계좌입니다. 기존의 은행계좌에 수혜자를 지정하여서 POD(혹은 TOD, Transfer on Death) 계좌화 할 수 있습니다.

(3) 은행 방문 및 계좌 개설

은행에 방문하면 여러 개의 창구가 있고 한쪽에는 Manager 가 있는 테이블이 있습니다. 창구에서는 주로 돈을 찾거나 예금하는 등의 일반 업무를 담당하며, 계좌를 개설하기 위해서는 Manager와 상담을 거쳐 개설해야 합니다. 은행에 도착하자마자 대기자 명단에 이름을 올리고 호명이 되면 Manager와 상담을 하면 됩니다.

계좌 개설을 위해서 필요한 서류로는 여권, 미국 운전면허증, 영주권 등 신분증 2개 이상과 미국 거주를 증명하는 서류(거주지로 배달된 우편물 등), 미국 내 전화번호, 그리고 소셜번호(SSN)가 있으면 됩니다.

계좌 개설이 끝나면 임시 Debit Card를 발급하여 줍니다. 며칠 지나면 이름이 적혀있는 정식 Debit Card가 우편으로 거주 주소로 발송 됩니다. 이 카드를 사용하면 다양한 결제에 활용할 수 있기 때문에 현금을 따로 들고 다니지 않아도 돼서 편리합니다.

(4) Digital Banking

디지털 플랫폼을 가지고 있는 금융 기업들의 디지털 뱅킹이 기존 은행들의 온라인/오프라인 뱅킹마켓을 빠르게 잠식하고 있습니다. 블록체인 기술발달로 변화의 속도는 더욱 가속되고 있습니다. 한국에서 네이버뱅킹과 카카오뱅킹이 자리잡고 있듯이, 미국도 이미 애플페이와 구글페이가 많이 이용되고 있으며, 디지털 뱅킹이 핵심 기반인 페이팔(PayPal), 비자(VISA)와 같은 기업들의 약진은 눈부십니다. 페이팔에서 만든 Venmo라는 온라인 앱은 이미 젊은이들 사이에서 없어서는 안될 디지털결제수단이 되었습니다.

❏ Investing - 투자상품 종류

미국 투자상품은 크게 **주식, 채권, 대체투자**로 나눌 수 있습니다.

(1) 주식(Stock)

주식거래소(NYSE, NASDAQ, AMEX, KOSPI)에 상장된 기업에 필요한 자본금을 공급하는 수단입니다. 투자가가 기업이 필요한 자본금을 주식이라는 형태로 제공하는 것입니다. 주식 투자자는 보유한 주식만큼 기업의 이익 분배에 참여하는 권리를 가지게 됩니다. 투자자는 기업의 미래 가치(자산 및 이익 증가)를 분석하여 투자 결정을 하는 것이 중요합니다. 그러나 미래 가치의 차이와 경제 전망에 따라서 주식거래 가격이 변동하는 것에 주의 해야 합니다. 투기의 목적으로 단기 주식거래(short-term stock trading) 하지 않기를 바랍니다.

(2) 채권(Bond, Fixed Income)

투자가가 기업에 필요한 돈을 계약에 의해 빌려주는 것을 말합니다. 이에 반해 주식은 기업에 필요한 자금을 투자하여 기업 수익을 분배 받는 것입니다. 빌려준 돈에 대해서 지정된 이자를 월별 혹은 분기별로 받습니다. 만기일이 되면 투자 원금을 회수할 수 있습니다. 하지만 만기일까지 꼭 기다릴 필요 없이 중간에 매도할 수도 있습니다. 개인 투자자는 보통 Broker/Dealer를 통해서 국가/기업의 채권을 구입하는 형태로 기업에 자금을 공급하게 됩니다. 채권의 종류로는 미국 국채(US Treasury Bond, US Savings Bond, 대표적 안전자산), 지방 채권(Municipal Bond, 이자는 세금공제 혜택), 기업채(Corporate Bond. AAA grade, BBB grade, High Yield Junk Bond) 등이 있습니다. 채권은 이자와 투자 원금을 미래에 받는 계약을 하는 것이므로 기업의 현금 유동성 및 안정성 등을 고려하는 것이 중요합니다. 이자율이 채권 가격에 가장 큰 영향을 미치는 것에 유념하여 투자를 해야 합니다. 미국 국채만 투자하시면 이자율이 낮아서 원하는 이익을 받을 수 없는데, 고수익의 회사채를 적절하게 조합을 한 채권에 투자하시면 원하는 수익을 받을 수 있습니다.

(3) 대체투자(Alternative Investment)

주식 및 채권 이외의 것에 투자하는 것을 의미합니다. 대표적인 것은 Real Estate(부동산), Commodity(원자재)가 있습니다.

- **부동산 투자**는 건물/토지에 투자하는 것만 있는 것은 아닙니다. 부동산 투자개발 회사들의 주식(REITs; Real Estate Investment Trusts)을 사거나 다양한 형태의 부동산 투자 회사들의 인덱스 펀드/ETF에 투자하는 방법이 있습니다. 건물/토지에 직접 투자하려면 많은 양의 다운 페이먼트와 까다로운 모기지 구입 심사를 거쳐야 하지만 이와 같은 투자는 소량의 돈으로 그리고 매월 저축하듯이 투자할 수 있는 장점이 있습니다. REITs는 다른 투자 상품보다 배당율이 높은 편입니다. 요즘 같은 저금리 시기에 이자가 필요한 분들이 선호하는 상품이지만 가격의 변동성이 큰 편입니다.

- **REITs**는 시장의 Risk를 감안해야 하지만 개인연금 상품이나 저축성 생명보험 금융상품에 있는 Fixed Real Estate Index에 투자하면 시장 상황이 아무리 나쁘더라도 원금이 보존되는 안전장치가 있기 때문에 장기투자에 유리한 부동산 간접투자 상품도 있습니다.

- **Commodities**는 Gold, Crude Oil 같은 원자재에 투자하는 것을 의미합니다. 투자 전문가들은 선물(Futures Contract)를 통해서 투자하지만, 보통 투자자들은 Commodity Fund/ETF를 통해서 투자할 수 있습니다. Commodity에 투자하는 이유는 주식이나 채권의 가격 변동 패턴과 반대로 움직이는 경향이 있기 때문입니다. 가장 대표적인 것은 금, 은, Crude Oil, Natural Gas 등이 있습니다. 그런데 금이나 은 하나에 투자를 올인 하지 마시고 전체 포트폴리오에 2~5% 정도 투자하기를 추천합니다.

많은 사람들이 주식은 어떻게 투자하는지 잘 알고 있습니다. 그러나 채권, REITs, Commodity 같은 상품들은 어떻게 투자하는지 잘 모릅니다.

개인이 직접 특정 채권 종목에 투자하려면 규정된 최소 구매액이 높은 장벽이 될 수 있습니다. 그러므로 Brokerage Company를 통해서 Fixed Income Mutual Fund, Fixed Income ETF에 투자하는 것이 가장 일반적인 방법입니다. REITs나 Commodity에도 Mutual Fund 나 ETF 상품들이 많이 있습니다. 그런데 이런 투자 상품들은 각각의 투자 목적이 있습니다. REITs를 예로 들면 미국에 있는 부동산에만 투자하는 상품이 있고, 인터내셔널 부동산에 투자하는 상품(예를 들면 홍콩 부동산)도 있습니다. 이러한 상품들을 분석해서 본인 투자 목적에 맞게 적절하게 조합하고 배분한 투자 포트폴리오를 만들어서 투자 하는 것이 가장 바람 직 합니다. 혼자서 하려면 시간이 많이 소요되므로 전문가의 상담을 받아 투자하기를 권합니다. 포트폴리오를 만들 때 각각의 투자 상품의 과거 수익률, 리스크, 상관관계, 기대수익률, 경제 및 마켓 상황 등을 종합적으로 고려하는 것이 중요합니다.

이런 것들에 투자하려면 우리가 잘 알고 있는 Brokerage company(Vanguard, Fidelity, Charles Schwab, Morgan Stanley)의 계좌를 만들어 투자하면 됩니다. 고려할 수 있는 투자 상품으로는 Domestic(미국 주식), Foreign Stocks(한국, 중국, 유럽 주식 등등), Fixed Income(채권), REITs, Commodities 등이 있습니다. 그 외 현물시

장, 선물시장, 외환시장, 파생상품시장에도 투자할 수 있으나 이것은 일반인이 투자 하기에는 어려워서 적합하지 않습니다.

◧ Big-Three Index in US

미국 주식시장에는 3대 주가지수(인덱스)가 있습니다.

❶ Dow Jones Industrial Average(DJIA)
미국의 30개 대기업의 주가 평균 지수

❷ NASDAQ
Apple, Google, Microsoft, Amazon과 같은 미국의 대표적인 Tech Company들의 주가평균지수

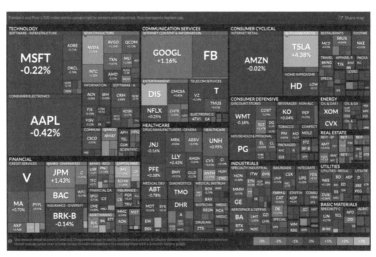

출처: 2021년 7월 Finviz.com

생활경제

미국 ETF 자산운용규모 Ranking (2021하반기)

표기	펀드 명	자산규모 (단위:$MM)	평균 거래량 (3개월)
SPY	SPDR S&P 500 ETF	$ 404,347.00	$62,927,688
IVV	iShares Core S&P 500 ETF	$ 303,400.00	$4,121,499
VTI	Vanguard Total Stock Market ETF	$ 274,276.00	$3,323,060
VOO	Vanguard S&P 500 ETF	$253,690.00	$3,799,760
QQQ	Invesco QQQ	$194,038.00	$35,148,320

출처: etfdp.com

❸ S&P 500

미국 3대 신용평가기관 중 하나인 S&P(Standard & Poor's)회사가 미국 모든 비즈니스 영역의 대기업 500여 개를 골고루 선정하여 아래 그림과 같이 주가총액별 가중치를 두어서 지수화 하였습니다. 이 지수는 미국 산업의 80% 가량을 커버하며 미국시장 상황을 가장 잘 표현한 지수라고 평가 받고 있습니다. 그러므로 인덱스펀드와 ETF 상품에 가장 많이 사용되는 인덱스 지수입니다.

2000개가 넘는 ETF 금융 상품 중 가장 많이 이용되고 있는 S&P 500 ETF는 투자회사가 S&P 500와 똑같은 비율로 운영하는 주식투자 금융상품입니다. 여기에는 투자 회사의 fee(경비)가 있는데 다른 ETF 상품보다 저렴(예: Vanguard S&P 500 ETF인 VOO는 0.03%)합니다. 그리고 S&P500 ETF는 Dividend(배당금)가 1.7% 정도가 되기 때문에 fee는 무시할 수 있는 장점이 있습니다.

S&P회사 위원회는 분기별 회의에서 500개 회사를 평가하여 가중치를 조정하거나 퇴출기업과 신규 기업을 정하여 지수 관리를 합니다. 예를 들어 2020년 11월에는 전기차 회사인 테슬라, 2021년 7월에는 코비드 백신 생산 회사인 모더나가 신규 가입이 되었습니다. 어떤 기업이 S&P 500 가입이 되었다는 것은 투자하기에 좋은 기업

이라고 인정받는 것이기 때문에 회사나 투자가 입장에서 매우 좋은 소식입니다. 또한 세계에서 가장 큰 규모인 S&P 500 ETF에 의해 자동적으로 투자되므로 한층 안정된 주가 시세가 유지됩니다.

요즘은 투자 단일 종목에 투자하는 것보다 **Mutual Fund**에 투자하는 경우나, **ETF**에 투자하시는 경우가 많습니다. 특히 대표적인 직장인 은퇴 계좌인 **401(k)**는 대부분 **Mutual Fund**로 구성되어 있지요?

투자회사들은 자신들이 추구하는 다양한 투자의 목적에 따라 포트폴리오 상품을 만들어 Mutual Fund 와 ETF형식의 금융상품들을 투자자들에게 판매합니다.

Mutual Fund는 보통 펀드매니저들이 포트폴리오를 운용합니다. 그러므로 펀드매니저의 도움을 받는 비용을 지불해야 합니다. ETF는 투자회사가 이미 만들어진 상장 지수(Index) (예: S&P 500, Nasdaq 100)를 복제한 상품입니다. 또한 투자회사가 특정 목적에 맞는 포트폴리오를 만들어 ETF 형식으로 복제해서 운용하기도 합니다. ETF는 주식처럼 거래되는 반면, Mutual Fund는 주식 거래가 마감 시간에 맞추어 하루에 한 번 밖에 매매할 수 없습니다. 이외에 ETF는 세금 및 거래비용도 Mutual Fund 보다 장점이 더 많이 있습니다. 그러므로 요즘 미국투자시장은 ETF 금융상품의 인기가 매우 높아졌습니다.

직장에서 제공하는 은퇴 계좌인 401(K)는 아직까지는 Mutual

Fund로 많이 구성이 되어있습니다. 직장인들의 투자 위험도를 줄이기 위해서 정부에서 이렇게 만들어 놓았습니다. 그러나 ETF의 사용도가 늘어남에 따라서 요즘은 ETF를 제공하는 401(K)가 생겨나고 있습니다.

◧ 투자 포트폴리오

본인의 재정상태, 건강 상태, 재정 목표, 투자성향을 고려하여 아래 그림과 같이 만듭니다. 공격적인 투자를 한다면 오른쪽 파이 그림과 같이 주식 위주의 포트폴리오를 만들고, 방어적인 투자를 한다면 왼쪽 파이 그림과 같이 채권의 비율을 많이 두는 포트폴리오를 만듭니다. 젊은 분들은 공격적인 투자 포트폴리오가 적당하지만 은퇴를 앞둔 분들은 방어적인 투자 포트폴리오가 적당합니다. Asset Allocation이라고 부르는 이 작업에 들어가는 투자항목으로는 주식, 채권, Reits, Commodity 등이 있습니다.

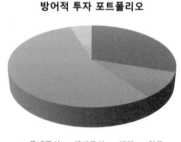

방어적 투자 포트폴리오

■국내주식 ■해외주식 ■채권 ■현금

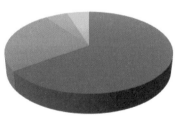

공격형 투자 포트폴리오

■국내주식 ■해외주식 ■채권 ■현금

금융 제도

◼ 로보 어드바이저

　주식투자를 개인 혼자 하기보다 전문가(Human Financial Advisor)와 함께 투자 포트폴리오를 만들어 투자를 하는 것이 더 많은 수익률을 낼 수 있습니다. 그런데 요즘은 컴퓨터 프로그래밍 기술 발달로 인해 **로보 어드바이저**(Robo-Advisor)를 활용하는 경우가 많아졌습니다. 2008년 Betterment 라는 회사가 이것을 도입한 이래 젊은 층 중심으로 꾸준히 성장하였고 팬데믹 이후 중장년층의 이용도도 증가하고 있어서 향후 시장 성장이 매우 긍정적입니다. 2021년 4월 CNBC 자료에 의하면 로보 어드바이져 운용자산 규모가 2017년엔 0.25조 달러 였는데 2020년엔 두배 성장(0.5조 달러)을 보였으며 2024년엔 1.2조 달러 규모로 성장 할 것으로 예상하였습니다. 이미 많은 Brokage company 들이 Robo-Advisor를 활용하여 자산 관리하고 있으며 개인 투자가들이 이 방법을 활용할 수 있게 만들었습니다. 기존의 사람(Human-Advisor or Traditional advisor)이 하는 것과 어떤 차이점이 있는지 [그림 4]로 정리해 보았습니다.

	Robo-Advisor	Human-Advisor
Fees	0.15%~ 0.25% per year	1%~ 2% per year
Quality of advice	Unbiased and objective	Customized and subjective
Investment Options	Limited-but often limited to solid choices	Range and quality vary with the advisor
Bonus	Many uses special trading strategies to minimize the taxes you pay on your investing gains	If you're anxious about your investments, you have someone you know and trust to talk to
Maybe best If	Your needs are simple, and you feel comfortable with investing.	Your needs are more complex, and you'd like a hand to hold.

출처: Napkin Finance, 2019

　　　　　　　　　　　　　　　　　　　생활경제

■ 저자가 추천하는 주식투자 방법- DCA(Dollar Cost Averaging)

주식투자는 저축의 개념으로 생각하시기 바랍니다. 많은 분들이 본인은 주식투자를 한다고 말하지만 사실 대부분 주식 투기를 하고 있습니다. 한 달 혹은 일 년 안에 큰 수익률을 기대하면서 하는 것은 투자가 아니라 투기를 하는 겁니다. 장기투자를 한다면 최소 5년 이상을 보고 투자 하십시오. 그 기간에 경제 및 투자 상황을 보고 리밸런싱(Rebalancing) 하면서 일정한 수익률을 만들어 나가는 것이 투자입니다.

어느 누구도 지금의 투자시점이 상승장인지 약세장인지 알지 못합니다. 그러므로 한 달에 400~500불씩 꾸준한 저축/투자(Dollar Cost Averaging Method)가 20~30년 이후에는 자신을 부자로 만들어 줄 확률이 가장 높습니다. 엄청난 수익률이 아니어도 연평균 8%의 꾸준한 수익률이 자신을 부자로 만들어 줄 수 있습니다. 10% 이상의 꾸준한 연평균 수익률은 사람이 아닌 신 만이 낼 수 있는 영역입니다.

은퇴를 앞두신 분들과 상담을 하면 난 늦었다고 말씀을 많이 합니다. 그러나 투자에는 나이가 중요하지 않습니다. 요즘은 발달된 의학으로 기대수명이 많이 늘어났습니다. 지금 60대이면 90살까지는 건강하게 살 수 있습니다. 그러면 아직 30년의 기간이 남아 있는 겁니다. 엄청난 시간입니다. 스마트한 투자가 많은 것을 바꿀 수 있는 충분한 시간이라고 생각합니다.

3 Mortgage/Refinance Application

▣ Mortgage

한국인들의 부동산에 대한 관심과 사랑은 유별납니다. 미주 한인들도 부동산 소유 욕구가 타민족에 비해 매우 강하여 거주목적뿐만 아니라 투자목적으로도 부동산을 많이 이용합니다. 미국에서는 한국과 달리 부동산 구매자의 약 90%는 모기지(Mortgage)를 이용하기 때문에 그것을 다 갚기 전까지는 본인 소유가 아니라 은행의 소유라는 것을 아시는 분은 많지 않은 것 같습니다. 은행과 구매자의 관계는 Lender와 Borrower 관계입니다. 그러므로 모기지를 규정대로 매달 꼬박꼬박 잘 갚아야 합니다. 만약 규정대로 갚지 못하면 내 주택은 Short-Sale 하거나 Foreclosure 해야 합니다. 그렇게 되면 여러분의 크레딧 스코어가 나빠지게 되고 다시 회복할 때까지 정상적인 경제 활동하는 게 매우 힘들어집니다. 이러한 이유로 많은 분들이 여윳돈이 생기면 모기지를 본래의 스케줄보다 빨리 다 갚거나 단기 대출 기간인 15년 모기지 프로그램으로 바꾸려는 경향이 있는 것 같습니다. 그러나 이것은 과연 현명한 방법일까요?

생활경제

2021년 현재 모기지 마켓은 낮은 이자율로 인해 높은 주택 매매율을 보이고 있으며 재융자 (Refinance) 시장도 매우 활성화 되어 있습니다. 그러나 팬데믹으로 인한 채무불이행의 우려로 융자신청조건은 매우 까다로워 졌습니다.

모기지 신청을 할 때 고려해야 할 4대 요소가 있습니다.

❶ Money in the Bank(은행 잔고액)
❷ Employment History(직장 유지 사항)
❸ Debt to Income Ratio(부채상환 비율)
❹ Credit Score

(1) Money in the Bank

최소 최근 2개월의 은행 statement를 요구합니다. 충분한 시간 동안 저축되어 있는지 심사합니다. 가족의 증여 자금(Gift Fund)은 증명할 수 있으면 사용할 수 있습니다. 인컴 외의 자금출처가 불분명한 돈은 다운 페이먼트로 사용할 수 없습니다. 융자 신청 3달전까지는 사용할 자금을 모두 은행에 옮겨 두시기 바랍니다.

(2) Employment History

2년 이상 직장생활을 유지하였고 앞으로도 유지 가능한지 확인합니다. 만약 새 직장으로 옮길 경우는 offer letter, first pay stubs 가 있으면 융자신청 가능합니다. 자영업자는 IRS에 세금 보고한 서류가 인컴 기준이 됩니다.

(3) Debt to Income(DTI) Ratio

금융부채를 상환할 수 있는 능력으로 모기지 한도액을 결정하는 계산 비율을 말합니다. Debt to Income Ratio = Recurring Monthly Debt/Gross Monthly Income 49% 이하. 그러나 30% 이하가 가장 적당합니다.

- **Debt 양 계산할 때**
  크레딧 카드 빚은 minimum payment amount로 계산합니다. 셀러 폰, 유틸리티, 음식재료 비용은 포함되지 않습니다.

- **Income 양 계산할 때**
  파트타임 인컴은 포함되지 않습니다.

- 만약에 어떤 두 사람(A, B) 모두 한 달 인컴은 같지만 B가 한달 고정비가 A 보다 적다면, B가 모기지를 많이 빌릴 수 있습니다.

 어떻게 하면 나의 DTI 비율을 낮출까요?

(1) 빚 청산, (2) 소득 증가, (3) 모기지를 부부 공동명의로 신청하면 DTI 비율을 낮추어서, 모기지를 더 많이 받을 수 있습니다.

(4) Credit Score(FICO Score)

크레딧 스코어 계산 요소는 다음과 같습니다.

❶ **Payment History**(35%)
모기지, 렌트비, 각종 유틸리티 비용에 대해 연체 경력이 있으면 크레딧 스코어는 떨어집니다. 그러므로 가능한 Auto-Payment 셋업 하시기 바랍니다.

❷ **Amount Debt**(30%)
크레딧 카드 사용 시 크레딧 한도액의 30% 이상 사용하면 크레딧 스코어가 떨어진다는 것을 기억하기 바랍니다. 이런 경우엔 크레딧 카드 한도액을 올리는 것이 좋습니다. 30일 내에 갚지 않으면 이자 (크레딧 카드 이자가 매우 높은 건 아시죠?)가 발생하고, 만약 past due가 두 달 이상 되면 크레딧 스코어는 정말로 많이 떨어지니 주의하시기 바랍니다.

❸ **Length of credit history**(15%) : 크레딧이 생성된 기간

❹ **New Credit**(10%)
되도록 새로운 크레딧 카드를 만들지 마세요. 꼭 필요한 카드만 오랫동안 사용하는 것이 좋은 크레딧 스코어 유지하는 비결입니다.

Chapter 5-3
그림 2

FICO Score	Rating	Meaning
Less than 580	Poor	• **Well below average** • Demonstrates to lenders that you are a risky borrower
580 - 669	Fair	• **Below average** • Many lenders will approve loans
670 - 739	Good	• **Near or slightly above average** • Most lenders consider that this a good score
740 - 799	Very Good	• **Above average** • Demonstrates to lenders that you are a very dependable borrower
More than 800	Exceptional	• **Well above average** • Demonstrates to lenders that you are an exceptional borrower

❺ Credit Mix(10%)

여러 종류의 크레딧(좋은 빚)을 가지고 있으면 크레딧 스코어에 도움이 됩니다.

■ 크레딧 스코어가 높아야(보통 740 이상), 좋은 모기지 이자 조건을 받습니다. 부부가 같이 지원할 때는 두 사람의 스코어 중 낮은 것을 사용합니다. 보통 3곳의 신용평가기관 (Trans Union, Experian, Equifax)으로 조사하는데, 그중 중간 값을 선택합니다.

모기지 신청의 핵심을 다시 한번 정리해 봅니다.

1. Money in the bank, 2. Employment History, 3. Debt to Income(DTI), **4. Credit Score를 잘 만들어서,
원하는 5. Loan Amount, 7. House Price, 8. Interest Rate을
받을 수 있도록 하기.**

모기지 융자는 위와 같이 여러 가지 정보가 함께 어우러져서 진행됩니다. 개인마다 상황이 다르고 융자 조건도 항상 변하므로, 본인에게 잘 맞는 플랜을 믿을만한 융자 전문가(Loan Officer)와 함께 만들어 가는 것이 중요합니다.

사전에 내가 받을 수 있는 모기지 이자율, 융자 금액, 살수 있는 주택 금액을 미리 조사하여 플랜을 세우기 바랍니다. 어느 한 부분만 보지 말고 전체적으로 판단하여 미리 준비하기 바랍니다.

☐ 재융자(Mortgage Refinance)

지금의 모기지 이자율이 (1) 내가 가지고 있는 조건보다 낮을 때, (2) 모기지 Rremaining balance가 줄어들었고, 집값이 많이 상승하여서 Home equity가 많이 증가하여 현금을 얻고 싶을 때 재융자(Refinance) 신청을 합니다. 또한 (3) 여러 가지 빚이 있을 때 하나로 묶고 싶을 때와 (4) 목돈이 생겨서 모기지 상환 기간을 줄이고 싶을 때 재융자를 합니다.

한국에는 재융자 제도가 아직 생소한 금융 방법입니다. 재융자를 통해 많은 돈을 저축할 수 있고 모기지의 monthly payment도 낮출 수 있습니다. 당연히 신청 비용은 듭니다.

재융자 신청 가이드 라인은 매년 변하기 때문에 이 점 유념하시기 바랍니다. 예전에 모기지 연체나 정부 보조를 받았던 경험이 있으면 재융자 받을 수 있는 기회가 없을 수도 있습니다.

크레딧 카드 빚이 많은 사람들이 임시변통으로 크레딧 카드의 Balance Transfer 기능을 이용하여 몇 개의 빚을 한 곳으로 모읍니다. 이때 3-5%의 fee가 발생하지만 처음 정해진 기간(12 -18개월)에 이자가 발생하지 않으니 좋을 수 있지만 그 기간이 지나면 매우 높은 이자가 발생하므로 조심해야 합니다. 그러므로 모기지 재융자 방법으로 빚을 묶는 것이 가장 좋습니다.

4 슬기로운 모기지 활용법

미국의 유명한 개인 재정전문가인 데이브 램지 (Dave Ramsey) 가 주장한 재정관리 7단계를 들어본 적 있으세요? 그중 6번째 단계는 "여유자금이 있으면 모기지를 조기 상환하여 집에 대한 빚을 줄이라"라고 합니다. 여러분은 이 말이 동의 하시나요? 여유자금이 생겨서 이를 모기지를 페이 오프(Pay-Off)하는 것에 사용하는 것이 좋을지, 아니면 은퇴 계좌에 저축 하는 것이 좋을 지는 각자의 상황에 따라 다르다고 생각합니다. 모기지 이자율, 소득세율, 은퇴계좌 액, 은퇴 후 예상 소득, 재정 목표 및 투자 성향 등에 따라 종합적으로 검토하여 결정해야 할 겁니다.

❶ 모기지 조기상환(Pay-Off)**을 선택하는 옵션**

모기지 조기상환을 선택하는 이유는 이자비용을 줄이는 것과 빚 청산 안도감입니다. 은퇴 계좌에 저축 하는 것은 수익률이 모기지 이자율보다 높다는 보장이 없기때문에 리스크가 있습니다. 만약 은퇴 계좌에 충분한 양이 있고, 모기지 이자율보다 높은 수익률을 굳이 만들 필요가 없다면 모기지의 조기상환은 좋은 옵션입니다.

❷ 은퇴계좌에 저축을 선택하는 옵션

모기지를 빨리 갚는 것보다 세금혜택이 있는 401(k)나 IRA등의 은퇴 계좌에 저축하는 것을 선택하는 이유는 본인의 은퇴 계좌에 충분한 양이 없는 경우입니다. 요즘처럼 이자율이 낮을 때는 모기지 이자율보다 인덱스펀드, ETF 등에 투자한 수익률이 더 높을 가능성이 많습니다. 또한 세금혜택과 프로텍션 기능이 있는 Indexed Universal Life Insurance에 투자하는 것이 효과적일 수 있습니다.

그리고 납부하는 모기지 이자는 세금공제 되기 때문에 많은 사람들은 (2) 옵션이 더 유리할 겁니다.

◼ How mortgage works?

모기지를 최대 활용하여 다운 페이먼트를 덜한 만큼의 돈을 복리 이자 받는 곳에 저축하면 어떻게 되는지 알아봅니다.

	A	B
Home Value	$500,000	$500,000
Down Payment	$300,000	$200,000
Mortgage	$200,000	$300,000
	$100,000 (less mortgage)	$100,000 (outside funding)
Payment	Save (4%Mortgage interest) = $5,730/yr $5,730 x 30yr = $171,900	Pay more $ 171,900
Period 30 yrs	$171,900 - $100,000 (Down payment) Save $71,900	Save 30 yrs in compound interest 8% $100,000 → $1,000,000
Tax	Less Tax Deduction	More Tax Deduction

50만 불 집을 다운 페이먼트 많이 한 경우(A)와 모기지 10만 불 더 많이 신청한 경우(B)를 비교해 보겠습니다. B의 경우의 30년 모기지 페이먼트가 A 보다 $171,900 만큼 더 지불했지만, 다운페이먼트 덜한 10만 불을 30년간 8% 복리 이자 받는 곳에 저축하여 100만불을 얻게 되어서 더 많은 저축 혜택을 볼 수 있습니다. 또한 지불한 모기지이자만큼 세금공제를 받게 되므로 A보다 B의 경우가 세금공제를 더 받게 됩니다. 그러므로 좋은 빚인 모기지를 최대한 잘 활용하여 세금공제혜택과 은퇴 계좌 저축 혜택을 누리는 것이 더 유리합니다.

❏ 집 담보 대출(Home Equity Loan, Second Mortgage)

여러분이 은행에서 대출받으려면 Loan이나 Line of credit이라는 상품을 이용합니다. 이 상품들은 이자 부담이 높은 편이지만 본인 집을 담보로 은행에서 대출받으면 이자 부담이 훨씬 적어집니다. 이 상품을 Home Equity Loan, Home Equity Line of Credit이라고 부릅니다. 이 둘을 합쳐서 Second Mortgage라고 부르기도 합니다.

❶ **Home Equity Loan**(HELOAN)
  – 집을 담보로 일정액을 한꺼번에 빌림. 고정 이자, 일정한 액수를 일정 기간에 갚는 것.
  – 집 담보 없다면 Auto Loan과 같은 금융 상품.

❷ **Home Equity Line of Credit**(HELOC)
  – 정해진 한도 내에서 필요한 만큼 사용하고 사용한 만큼 갚는 것. 고정 이자보다는 변동 이자를 많이 사용.
  – Draw Period(돈을 빌릴 수 있는 기간, 보통 첫 10년)과 Pay Back Period (돈을 갚기만 하는 기간, 보통 나중 20년)으로 나누어집니다.
  – 집 담보 없으면 Credit Card 와 같은 금융상품.

■ **사용 예**
  – Value of Home($500K)– Amount owed on your mortgage ($200K) = Your Home Equity($300K)
  – **담보대출 한도액**
    Primary Residence는 보통 85%($255K)까지 가능, Rental Property는 60%($180K)까지 가능합니다.
  – 집 수리, 빚 청산, 대학 학자금, 비상금 용도로 많이 사용합니다. 갚는 기간에 재융자도 가능합니다.

▣ 부동산 구매 후 고려해야 할 사항

여러분이 부동산을 구입하면,

❶ **최소한 모기지 amount 이상의 리빙 베니핏이 있는 생명보험을 가지고 계시기를 권합니다.**

뇌졸중, 심장마비, 암과 같은 중대 질병에 걸려서 근로 수입이 없어지든지 혹은 사망하였을 때 남은 가족이 모기지 페이먼트를 하지 못하게 되면 여러분의 소중한 집은 은행이나 국가로 귀속되고 각종 세금을 포함한 많은 비용이 발생하게 된다는 사실을 꼭 기억해 주시기 바랍니다. 이럴 때 생명보험은 유용하게 사용될 것입니다.

❷ **리빙 트러스트**(Living Trust)**를 반드시 셋업 해 놓으시기 바랍니다.**

여러분이 리빙 트러스트 없이 사망하게 되면 여러분의 소중한 집 소유권은 남은 가족에게 오랜 기간 전달되지 않고 그 사이에 많은 양의 Probate fee(현 시가의 5~8%)를 내야 합니다.

Chapter 5-4
그림 2

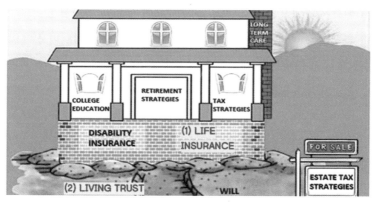

⑥
대학 학자금 제도

1 미국대학 학비는 왜 이렇게 비싸졌을까?

미국은 최초 대학인 하버드 대학에서 1642년 9명의 졸업생을 배출한 이래로 2020년엔 370만명의 학생이 대학을 졸업했습니다. 1944년 군대를 다녀온 사람들에게 대학교 학비를 지원하는 G.I. Bill 법안이 통과한 이후 미국 대학생 숫자는 폭발적으로 증가했습니다. 법안 통과 후 1947년 미국 대학생의 절반은 제대 군인이 되었습니다. 1950년대 후반 소련과 우주개발 경쟁이 가속화되자 미국인은 애국심이 발동하여 수학과 과학 교육이 인기를 끌면서 고등교육의 관심이 높아지게 되었습니다. 이와 더불어 1960년대 미국 흑인 민권운동의 영향으로 대학교육의 문은 점차 여성과 유색인종 까지 넓혀 지기 시작했습니다.

이 당시만 하더라도 대학 수업료는 비싸지 않았습니다. 캘리포니아 주립대학 학비는 1,000불 미만이었고 거주민에는 수업료 면제였습니다. 그러나 1970년대부터 상황이 바뀌어 학생들이 수업료를 부담해야하는 분위기로 바뀌었고 이에 따른 Student Loan 제도가 활성화 되었습니다.

❑ 치열한 대학 간의 경쟁과
고등교육 수요 증가로 말미암은 수업료 인상

1983년 U.S. News & World Report Best College Ranking 이 나오면서 대학 간의 경쟁이 치열해지기 시작했습니다. 대학은 학내 시설을 증축하여 디즈니월드같이 꾸미고 아카데믹 프로그램을 보강해 나갔습니다. 이것은 자연스럽게 수업료 인상으로 이어지게 되었습니다. 대학은 수업료 인상으로 생긴 여분의 돈으로 성적이 우수한 학생 유치에 열을 올렸습니다.

한편 주정부의 재정상태는 점점 악화되어 공립학교의 재정보조를 줄여 나가기 시작하여서, 2017년부터 대부분의 공립 대학교는 주정부 보조금이 수업료 수입보다 더 적어지게 되었습니다. 이와 같은 요인들로 인해 수업료는 인플레이션보다 높은 비율로 인상되었고 학생들의 Student Loan 규모는 점점 커져만 갔습니다. 1990년 공립학교 평균 수업료는 $3,800(2020년 달러 환산치) 이었는데 2020년엔 $10,560이 되었

대학이상 졸업자 미국인 퍼센트

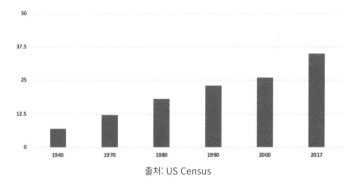

출처: US Census

습니다(출처. College Board). 이 숫자는 최근 30년동안 공립 대학교 학비가 인플레이션보다 3배나 더 상승했다는 것을 의미합니다. 2020년 미국인 한 가구당 평균 Student Loan 빚은 5만 7천달러였고, 미국 전체 규모는 1.7조 달러 였습니다(출처. Nerd Wallet USA). 과도한 Student Loan 빚은 미국의 중요한 사회적 이슈로 떠오르고 있습니다.

2020년 CNBC Survey에 따르면 미국의 65% 직업은 대학 교육 받은 사람에게 기회를 준다고 합니다. 이러한 현상은 많은 사람들이 고등교육기관에 돈을 더욱 쓰게끔 하고 있으며 대졸자 비율을 점점 더 높이고 있습니다. 매년 높은 수준으로 인상하고 있는 대학 수업료와 더불어, 대학교육의 사회적 수요도 높아지고 있는 요즈음 미국 학부모들의 재정부담은 더욱 가중되고 있습니다.

▣ 민간부문의 변화

민간 부문은 4년제 대학 학위없이 근로자를 교육하는 방법을 제안했습니다. 예를 들어 Google은 요즘 특정 IT 영역에서 4년 대학 학위와 동등한 6 개월 인증서를 제공합니다. 그리고 수많은 대학이 Coursera와 같은 온라인 강의 사이트와 협력하여 새롭고 저렴한 학습 옵션을 마련하고 있습니다.

코로나 바이러스와 불확실한 경제 회복으로 흔들리는 요즈음, 학부모와 학생들은 점점 더 많은 의문을 가지고 있습니다. 값비싼 지금의 대학교육이 그만한 가치가 있을까요?

2 미국대학 입시 준비

교육 선진국인 미국에서 자녀 교육을 하고 싶어서 미국 이민 오시는 분이 많습니다. 그러나 미국 교육제도는 한국과 많이 달라서 먼저 현지 제도를 잘 이해하는 것이 매우 중요합니다. 양국 교육제도의 다른 점을 알아보고 대학입시를 위한 3-Key Point인 대학입학고사(SAT or ACT), 학업성적(GPA), 특별활동에 대해서 중점적으로 알아봅니다. 마지막으로 장학금 정보에 대해서 알아보겠습니다.

 미국 교육제도는 한국과 무엇이 다를까?

미국 교육은 학생들에게 경쟁을 시키기보다는 본인의 부족한 부분과 잘하는 부분을 알 수 있도록 유도합니다. 초/중/고등학교의 학제가 다릅니다. 한국은 6-3-3년, 미국은 School District에 따라 5(6)-3(2)-4(3)입니다. 통일된 체계를 갖고있는 한국과 달리, 미국은 같은 City라도 School District에 따라 학제, 교과서 점수 체계 모두 다릅니다. 한국고등교육은 거의 대학교 진학이 목적이지만 미국은 대학 진학이 선택이라 할 수 있습니다. 공부를 계속 하고싶은 학생들이 대학을 진학합니다. 많은 성공한 사업가들이 대학을 졸업하지 않은 건(Bill Gate, Mark Zuckerberg) 이미 잘 알려진 사실입니다. 그러므로 미국 대학은 공부하려는 사람만 가는 곳이기 때문에 공부양이 한국보다 많습니다.

미국 교육은 학업 위주가 아니고, 학생들이 스스로 배운 범위 내에서 본인이 무엇을 놓쳤는지, 무엇을 catch up하고 얼마만큼 이해했는지를 알게 해주는 위주입니다. 예를 들면 Mid-Term이나 Final-Exam 등 꽤 비중이 큰 시험을 오픈 북 테스트 혹은 에세이로 보는 경우가 많습니다.

어떤 식의 공부를 했느냐 보다는 어떤 태도로 학교생활에 참여하고 본인에게 맞는 방식으로 학업 방식을 개발해 보는 것이 더 좋은 결과를 가져옵니다. 특히 한국 학생들은 학업적으로는 다른 민족에 비해 학업성취율이 우수하고 고득점 군에 큰 비율을 차지하고 있기 때문에, 학업 태도와 학습 방식에 더 관심을 갖도록 해주는 것이 바람직합니다. 예를 들면 SAT 1500 이상의 고득점자 부류의 40%가 아시안 학생들이고, 한국 학생의 수학은 고득점 비율이 인구 대비 다른 아시안 학생들에 비해 월등합니다.

 ## 어떠한 Career Develop가 바람직할까?

가장 중요한 건 학생 본인의 열정입니다. 한인 커뮤니티 안에 '~카더라' 통신이 많은데, 다 틀린 건 아니지만 입시 방법이 자주 바뀌기 때문에 주위 사람들의 입소문만 믿으면 안 됩니다. 자녀를 좋은 대학에 보낸 분의 말은 다 믿는 경향이 있습니다. 그러나 다른 사람의 이야기보다 내 자녀가 어디에 **열정**(1. Passion)이 있고 무엇을 꾸준히 할 수 있는지를 알아내는 것이 더 중요합니다. 학생들은 아직

어리기 때문에 본인이 무엇을 잘 하고 좋아하는지가 뚜렷하지 않은 경우가 많습니다. 그래서 옆에서 지켜보는 부모님의 도움이 매우 필요합니다. 좋아하는 것을 찾으면 그것을 꾸준히 하게 해야 합니다. 단기간에 보여주기 위해 하지 말고 적어도 6년 이상 꾸준히 해야 합니다. 1주일에 한 번이라도 시간을 들여서 그 **일관성**(2. Consistency)을 보여줘야 합니다. 열정 없는 꾸준함은 있을 수 없습니다.

Community Service는 대학입시에 큰 보탬이 안됩니다. 운동이나 Art, 음악 계통에서 Award를 받으면 입학사정에 큰 도움이 됩니다. 운동이라면 소속한 팀이 상위에 드는 것이 매우 중요합니다. 만약에 **수상 기록**(3. Fruits)이 없는 활동을 열심히 했다면 **창의성**(4. Creativity)이 중요합니다. 그 활동에서 어떻게 자기만의 개성과 리더십을 발휘 했는지가 중요합니다.

예전의 한국은 학업 성적만 중요시 했었는데, 요즘은 미국의 영향을 받아서 다양하게 평가하기 시작하는 것 같습니다. 다시 정리하면 학생들의 Career Develop에 대해 염두에 두어야 할 점은(혹은 입학사정관에게 보여줘야 할 점은) **(1) 열정 (2) 일관성 (3) 수상 기록 (4) 창의성** 입니다.

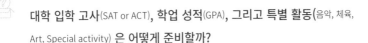

대학 입학 고사(SAT or ACT), **학업 성적**(GPA), **그리고 특별 활동**(음악, 체육, Art, Special activity) **은 어떻게 준비할까?**

(1) 대학입학고사(SAT or ACT)

한국의 대입 학력고사와 비슷한 SAT 와 ACT는 뭐가 다를까요? 미국 내 대학은 SAT나 ACT 모두 받아들입니다. 그러나 이 두 시험 방식은 자주 바뀝니다. 캘리포니아는 2014년까지 SAT가 수요가 압도적으로 높았습니다. 원래 서부, 동부 연안지역은 SAT가 인기가 많았으나, 동부는 최근 20여 년에 걸쳐 ACT가 널리 보편화 되었습니다. 그리고 바이블 벨트라고 불리는 텍사스를 포함한 동남부 지역은 ACT가 더 보편적입니다. **SAT와 ACT 각각 Pre-Test를 해봐서 본인에게 맞는 시험을 선택하고 준비하는게 가장 바람직합니다.**

SAT1은 영어, 수학 시험만 보면 되는 반면에, ACT는 영어, 수학, Reading, Science까지 시험을 보기 때문에 학생들이 좀 어려워 하는 경향이 있습니다. Reading 문제에 Social Study, History, Music, Art 내용이 포함되어 있습니다. Science에는 Physics, Chemistry, Biology 가 포함되어 있습니다. 교과목 차이 외에, 시험 시간도 ACT가 조금 불리합니다. ACT는 한 문제에 1분 이상이 주어지지 않습니다. SAT는 그보다는 좀 더 시간이 주어지는데, 문제 난이도가 ACT에 비해 높은 편입니다. ACT는 학교에서 보던 시험 유형과 비슷하고 난이도도 높지 않습니다. 반면, SAT는 학교 시험 유형과 달라 훈련되지 않은 학생에게는 당황할 수 있습니다. 그러므로 문제를 푸는데 시간이 더 걸리는 경향이 있는 점 유념하기 바랍니다.

SAT2는 2,3 과목을 선택해서 볼 수 있습니다. 학생이 지원 하려는 학교와 전공에 맞는 과목을 선택하여 시험을 봐야할 것 입니다. 미국 내 Top 50대학에 진학하려고 한다면 SAT2가 선택으로 되어 있어도 필수라고 생각하고 준비하기 바랍니다.

2020년부터는 ACT에서 Super Score를 인정합니다. 4 과목(영어, 수학, Reading, Science) 각각 만점이 36점인데, 만약 3과목을 잘 보고 한 과목 점수가 안 좋았다면 그 과목만 따로 재시험을 볼 수 있게 되었습니다. 이것은 학생들에게 매우 유리한 제도입니다. SAT도 2016년에 ACT와 비슷하게 수정이 되어서 나왔습니다. ACT와 SAT는 개인 기업으로서 서로 많은 학생을 유치하기 위해 경쟁을 합니다. 이렇게 매년 바뀌는 내용이 많이 있으므로 학부모님은 매년 업데이트된 정보를 잘 파악 하셔야 합니다. 주변 학부모가 아니라 주위 믿을 만한 전문가와 상담하기 바랍니다.

2021년엔 COVID19로 인해 SAT, ACT 시험 계획이 많이 변경되었습니다. 많은 대학교가 SAT/ACT 시험성적을 입학사정에 포함시키지 않음으로 인턴십과 에세이의 중요성이 더 커졌습니다. 대입고사 점수가 필요 없어져서 그런지는 몰라도, 평판이 좋은 대학교의 지원율이 예년 대비 많이 높아졌습니다. 그러나 2022년부터는 다시 예전으로 돌아가리라 예상합니다.

(2) 학업성적(GPA)

만약에 GPA가 낮고 SAT/ACT가 높거나 그 반대 경우는 둘 다 좋지 않습니다. GPA와 SAT/ACT 점수가 서로 잘 매치 되어야 정직한 점수로 인정합니다. 많은 학부모님들이 꼭 A를 받아야 한다고 생각하거나, Honor Class가 유리하다고 생각하는데 반드시 그렇지는 않습니다. A, B, C Grade 보다 학교와 자녀의 Rank(석차)가 어느정도 인가가 더 중요합니다. 왜냐하면 지역마다 학업 편차가 있기 때문입니다. Honor Class에서 C를 받는 것보다 Regular Class에서 A를 받는 것이 더 좋습니다. 이것은 아이에게 자존감도 높여줍니다. GPA 관리는 고등학교 9~12학년까지 한다고 생각했을 때 Up and down 이 많이 있으면 좋지 않습니다. 고교 4년간의 성적 패턴이 어떻게 형성되어 있는지가 중요합니다. 예를 들어 학년이 올라갈수록 점수가 올라가는 패턴은 매우 좋습니다. 물론 처음부터 끝까지 계속 잘하면 제일 좋습니다. 보통 10,11학년이 되면 학생들이 많은 과제, 시험 등으로 시간이 없고 힘들어합니다. 그러므로 9학년 때부터 미리 준비할 수 있도록 도와주시기 바랍니다.

Long-Term으로 일관성 있고 꾸준하게 하는 것이 중요합니다. 그러기 위해서는 전문가, 학교 카운슬러나 학교 밖 카운슬러와 상의하면서 차근차근 준비하는 것이 중요합니다. 요즘 교내 카운슬러 만나기가 매우 어렵다 라는 이야기가 있습니다. 왜냐하면 캘리포니아인 경우, 지역의 경제력에 따라 교사당 학생 수 차이가 많이 납니다. 그러다 보니 가난한 지역 학교의 카운슬러를 만나 상의하기가 힘든 경우가 있습니다. 평소 선생님들과 좋은 관계를 유지하는 것이 매우 중요합니다. 그러면 추천서 받기도 훨씬 용이합니다. **수업에 적극적으로 참여하고, 바른 행동 보이고, 리더십 보이도록 하면 좋은 성적만큼이나 학생에게 도움이 됩니다.**

(3) 특별활동(Special Activity)

음악, 체육, Art가 아니더라도 학교에서 클럽을 만들어서 Chairman이 되면 입학사정관에게 리더십을 보여줄 수 있습니다. 그 클럽을 2년 정도 잘 이끌어 나갔을 때 리더십을 인정받습니다. 학교 밖에서도 활동할 수 있습니다. School District에서 운영하는 Special Activity를 이용하시기 바랍니다.

예를 들면 Mission San Jose High School인 경우, (1) 매년 Mission Peak에 올라가서 자연보호활동을 하는 활동. (2) 동물에게 안전한 환경을 만들어주기 위한 활동에 참여하면 커뮤니티 활동 크레딧을 줍니다. 또한 (3) 교회에서 가는 단기 선교 여행도 포함됩니다. 만약 꾸준히 참여했을 때 크레딧을 받을 수 있습니다. 자녀의 학교가 위치한 School District이나 City에서 어떤 프로그램이 있는지 알아보시기 바랍니다. 다른 School District이나 City의 프로그램도 참여 가능합니다. 예를 들면 College에서 제공하는 Summer Activity 도 많이 있으므로 온라인에서 많은 정보를 찾으실 수 있습니다.

미국 대학 학자금 보조를 위한 각종 장학금 정보는 어떻게 얻을까?

　미국은 전 세계에서 대학 학비가 가장 비싼 나라입니다. 졸업할 때 많은 Student Loan 빚을 지고 사회생활을 시작합니다. 그렇다고 돈이 없어서 대학 진학을 못하지는 않습니다. 왜냐하면 상당히 많은 장학금 제도가 마련되어 있기 때문입니다. FAFSA를 통한 연방정부/주정부 지원뿐만 아니라 각종 사립 단체와 학교 내에서 주는 장학금이 있습니다. 보통 사립대학은 공립대학에 비해 많은 종류의 장학금이 있습니다. 미국 전역에 총 2,200여 개 정도의 장학금이 있다고 합니다. 예산으로는 약 6 Billion이 매년 확보가 됩니다. National College Network에서 낸 통계자료에 따르면 고등학교 졸업자 중 약 60% 정도가 학비 보조를 포기한다고 합니다. 또한 부모님 경제 능력이 어느 정도 되기 때문에 신청 안 한 경우도 많습니다. 학비 보조를 포기한 학생 중 절반이 넘는 54%의 학생은 수혜 자격이 된다고 합니다. FAFSA를 통해 연방/주 정부에서 주는 장학금을 받을 수 있는 학생들인데도 장학금 신청을 포기한다고 합니다. 그래서 매년 240억불 정도의 예산이 남는다고 합니다. 포기하면 못 받는 겁니다. 미리 예단하지 말고, 대학은 우리가 생각하지 못하는 여러가지 요소를 고려하므로, 절대 포기하지 마시고 적극적으로 조사해서 신청하시기 바랍니다.

■ 장학금정보가 있는 웹사이트들

미국 내 장학금은 종류가 매우 많습니다. 학비가 비싼 것은 사실이나 그만큼 장학금 옵션이 어마어마하게 많이 있습니다. 장학금은 크게 첫 번째 Merit-Based Financial Aid와 두 번째 Need-Based Financial Aid로 분류합니다. 두번째 경우는 FAFSA나 CSS-Profile이 대표적인데 다음 장(6-3)에 자세히 다루겠습니다. 이외에 각 대학에서 제공하는 공식 장학금들이 있고, 크고 작은 민간 장학금도 많이 있으므로 학교 카운슬러나 담당 교사와 상담해서 지원 해 보시기 바랍니다.

학생이 직접 Profile을 만들어 거기에 맞는 맞춤형 프로그램을 제공받을 수 있는 웹사이트 들이 있는데 아래와 같습니다.

❶ Collegeboard.org(Big Future)
2,200개 장학금 리스트. 총 $6 Billion 규모

❷ Fastweb.com
본인의 profile을 작성하면 알맞은 장학금을 Match 해 줍니다. 당해 연도에 못 받는다 해도 내년, 혹은 내후년에 받을 수 있는지에 대한 정보도 제공합니다.

❸ Caddex.com, Chegg.com
학생이 GPA와 SAT(ACT) 점수를 넣어 스스로 조사 할 수 있습니다.

교육 전문가 김영임 선생님과 함께 한 미국재정가이드의 유튜브 대담 내용을 중심으로 만들었습니다. https://youtu.be/0oOizZYgd6E, https://youtu.be/GqdlnXgDX9U

3 미국대학 학자금 준비 - FAFSA

여러분 아시죠? 미국 대학 학비는 전 세계에서 매우 비싼 편에 속한다는 것. 그러나 FAFSA(Free Application for Federal Student Aid)를 통해 학자금 보조 신청(Financial-Aid)을 잘 하면 많은 학비를 절약할 수 있는 것 아세요? 이번 챕터는 미국 대학 학비는 어떻게 이루어져 있고, FAFSA를 통해 어떻게 학비 보조 신청을 하는지, 그리고 가장 중요한 내용인 FAFSA를 통해 어떻게 학비 보조를 받을 수 있는지 알려드립니다.

미국 대학의 1년 학비는 어느정도 일까요?

미국 대학은 Cost of Attendance(COA)라는 용어를 사용하여 1년 학비를 산출하는데, 다음의 항목으로 이루어져 있습니다.

❶ Tuition and fee　　❷ Room and Board
❸ Books and Supplies　　❹ Transportation
❺ Personal Expenses　　❻ Campus Health Insurance

여기에는 on-campus, off-campus, and commuter에 따라 ❷ 와 ❹ 항목 비용이 달라지고, Resident 와 Non-Resident에 따라 ❶ Tuition 비용이 다릅니다. 한국에서 학비를 말하면 보통 ❶ Tuition and fee만 다루지만 미국은 이것뿐 만 아니라 생활하는

　　　　　　　　　　　생활경제

모든 영역(주거비, ❷ room and board)에 대해서 예산을 책정합니다.

캘리포니아 주립대학인 UC는 2021-2022년 약 $ 38,000 (non-resident는 $69,000정도), 사립대학은 이보다 훨씬 많겠죠 (보통 공립학교의 두 배 정도). 물가가 싼 지역의 공립 대학은 UC보다 저렴합니다. 그리고 이러한 학비는 인플레이션 영향으로 매년 증가하고 있습니다.

유학생인 경우는 학교마다 다르니까 일반적으로 말씀드리기 어렵지만 아마도 비거주자 학비 정도 되지 않을까 생각합니다.

 대학 학자금 보조(Financial Aid) 신청은 어떻게 하나요?

대학에서 학자금 보조는 **Merit-Base**(재능)에 근거하지 않고 **Need-Base**(재정상태)에 근거합니다. 미국 대학은 재정 보조와 입학 사정이 완전히 분리되어 있으므로(Need Blind), 학자금 보조를 많이 받으면 입학에 불리하다는 소문은 가짜 뉴스 입니다.

미국 대학에서 학비를 마련하는 방법은 크게 세 가지가 있습니다.

❶ 무상 학비 보조(Grant, Scholarship, Loan)
❷ 학교 내 Part-Time Job을 통해 학비를 마련하는 Work Study
❸ 부모님의 재정 지원

대학교는 입학원서 받을 때 이 세 가지를 어떻게 준비해야 하는지

가이드 하기 위해서 학생/학부모에게 요구하는 자료가 바로 학자금 보조를 위한 **FAFSA**입니다. 이것은 미국 시민권자나 영주권자 학생인 경우에 해당되는데, 사립대학교는 추가로 **CSS**(College Scholarship Service)**-Profile**을 요구합니다.

FAFSA는 대학교에서 (1) **부모님과 학생 본인의 수입** (세금보고 파일 IRS Form 1040), (2) **부모님과 학생 본인의 자산** (cash, savings, home equity, investment), 그리고 (3) **가족의 숫자 및 대학에 다니는 학생의 숫자** 등을 통해서 학생 가족의 재정상태를 평가하여 학비 보조해 주는데 가장 많이 사용하는 자료입니다.

FAFSA는 연방정부 교육부(Department of Education)에 신청하는 서류인데 보통 전년도 10월 1일부터 당해 연도 6월까지 신청합니다. 예를 들어 2022년 가을학기에 입학하는 학생이라면 2021년 10월부터 2020년 Tax Report 자료를 이용하여 신청할 수 있습니다. **FAFSA는 미국 대학의 재정보조 신청의 첫 단추입니다.**

남학생은 FAFSA를 통해서 **Selective Service System**(to receive federal student aid)에 등록해야 합니다.

외국인(International Student)은 학교마다 전형/평가 기준이 다릅니다. 미 전역 공통 약식인 FAFSA가 아니라 학교 자체의 **외국 학생 학비보조 신청서**(International Student Financial Aid Application)와 그 외에 학생 가정의 자산을 영어로 번역해서 제출해야 합니다. 그러나 FAFSA의 기본 원리와 비슷하므로 이 내용을 잘 이해하면 대학 준비에 큰 도움이 되리라 생각합니다.

 FAFSA에서 학비보조액은 어떻게 산출되나요?

FAFSA 온라인 접수 후 며칠이 지나면 연방 교육부(U.S. Department of Education)로부터 SAR (Student Aid Report)를 받게 됩니다. SAR에는 EFC (Expected Family Contribution, 가정 부담금) 액수가 나옵니다. 그러면 대학교 Financial Aid Office는 대학 입학 전형에 합격한 자에 한해서 **COA-EFC = FN**(Financial Need, 재정보조금) 액수를 근거로 두 번째 질문의 (1), (2), (3)을 어떻게 보조해 줄 수 있는지 알려줍니다 (Financial Aid Offer Letter).

EFC값을 미리 알고 싶으면 칼리지보드 웹사이트의 EFC Calculator를 이용해 미리 참고해 볼 수 있습니다.

Chapter 6-3
그림 1

COA (Cost of Attendance) ▬	EFC (Family Contributions) ▬	FN (Financial Need)
1. Tuition and Fees	1. Parents Income	
2. Room & Board	2. Student Income	
3. Books and Supplies	3. Parents Assets	
4. Transportation	4. Student Assets	
5. Personal Expenses	5. Number of Family Member	
6. Campus Health Insurance		

학생 가족의 재정상태가 풍족하면 EFC 값이 높아서 (FN 값이 낮아서) 학생 가족이 부담해야 하는 액수가 많아지고, 재정상태가 넉넉하지

않으면 EFC 값이 낮아서(FN 값이 높아서) 대학교에서 학비 보조를 해 줘야 하는 액수가 많아집니다. 재정상태가 좋은 대학일 수 록 FN 값의 대부분을 커버해 줄 것이고, 재정상태가 좋지 않은 대학일수록 FN 값을 많이 커버해 주질 못하는 게 현실입니다.

 FAFSA는 어떻게 신청하나요?

FAFSA의 홈페이지 (www.fafsa.ed.gov)를 통해 온라인으로 제출하거나, 신청서 양식(PDF file)을 다운로드해 작성 후 우편으로 제출합니다.

대부분 온라인으로 신청하는데, 학생, 학부모 모두 Federal Student Aid(FSA) ID를 만들어 로그인합니다. 그 후에는 (1) **Student Demographics** (2) **School Selection** (3) **Dependency Status** (4) **Parent Demographics** (5) **Parent/Student Financial Information**(IRS Data Retrieval Tool) (6) **Review and Sign/Submit** (7) **Confirmation** 항목들의 질문에 답을 하면서 진행합니다.

- 대학 입학 후 매년 Renewal 해야 합니다. 나이 들어 다시 대학에 입학하는 경우, 대학원에 진학하는 경우도 FAFSA를 신청합니다.

- CSS-Profile은 College board account라는 웹사이트에서 신청합니다. 사립대학에 진학하는 학생들이 FAFSA와 더불어 작성해야

하는 양식입니다. 외국인 유학생들도 학비 보조를 위해 작성하는 양식 이기도 합니다. FAFSA보다 많이 복잡하므로 다음 챕터에 자세히 설명합니다.

대학입시 컨설턴트 회사에 도움을 받아 제출할 수 있으나, 이 내용이 이해되면 충분히 혼자서 할 수 있습니다.

 FAFSA를 통해서 지원받는 학비 보조 방법인 Grant, Scholarship, Student Loan에는 무엇이 있나요?

(1) Federal and State Grant

❶ **Federal Pell Grant**($6,495 annual max for 2021)
연방정부가 저소득 가정 학생에게 학비 보조해 주는 돈.

❷ **FSEOG**(Federal Supplemental Education Opportunity Grant, $4,000 annual max)

❸ **TEACH**(Teacher Education Assistance for college & higher)
Education Grant($4,000 annual max)

❹ **Cal Grant**(California) – A, B, C.
캘리포니아 주민이면 받을 수 있는 그랜트. 다른 주도 거주민을 위한 비슷한 그랜트 제도가 있습니다. Cal grant는 GPA 성적에 차등을 두어 액수를 결정합니다.

갚지 않아도 되는 가장 좋은 학자금 보조 방법입니다.

(1) Federal and State Grant

1. Federal Pell Grant: **$6,495 /year max.**
2. FSEOG **(Federal Supplemental Education Opportunity Grant) : $4,000 /year max**
3. TEACH **(Teacher Education Assistance for College & Higher Education Grant) : $4,000 /year max.**
4. Cal Grant-A,B,C : **California State Grant**

(2) Federal Loan

1. Perkins Loan
2. Stafford Loan : **subsidized and unsubsidized student loan**
3. PLUS Loan: **Parent Loan for Undergraduate Study**

(3) Work-Study
- 교내 근로 장학금

(4) Scholarship
- Internal and external

(2) Federal Loan (Student Loan)

❶ Perkins Loan

❷ Stafford Loan(subsidized (재학 중 대출이자를 정부가 지원. 즉 재학 중 무이자) and unsubsidized)

❸ PLUS Loan(Parent Loan for Undergraduate Study)

❶, ❷방법은 학생이 졸업 후 일정 기간이 지난 후 갚아 나가는 학자금 대출 방법입니다. ❸방법은 부모님이 갚아 나가는 방법인데 ❶, ❷방법보다 이자율이 높습니다. 높아진 대학 학비로 인해 많은 사람들이 이 방법을 더욱 의존하여 커다란 사회적 문제가 되고 있습니다 (6-1 내용 참조).

(3) Work-Study

학교가 알선 해 주는 일을 하며 학비를 충당하는 재정보조제도입니다.

(4) Scholarship

대학 내부 장학금, 대학 외부 장학금으로 Financial Aid Office에서 알선해서 찾아주는 경우와 학생 본인이 입학 전부터 여러 가지 Activity를 통해서 받는 경우가 있습니다.

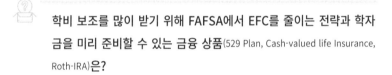

학비 보조를 많이 받기 위해 FAFSA에서 EFC를 줄이는 전략과 학자금을 미리 준비할 수 있는 금융 상품(529 Plan, Cash-valued life Insurance, Roth-IRA)**은?**

(1) Chapter 3 세무계획 편을 보면 금융자산을 **Tax-Now, Tax-Deferred, Tax-Advantage**로 나누어서 설명하는데, Tax-Now 카테고리에 있는 금융자산은 FAFSA에서 자산으로 잡히지만, 은퇴자금 영역인 Tax-Deferred와 Tax-Advantage 카테고리에 있는 금융자산은 FAFSA에서 자산으로 잡히지 않으니 (예외: 529 Plan), 본인의 자산을 가능한 한 이쪽으로 옮겨 놓는 것이 학자금 보조를 많이 받는데 유리합니다.

(2) FAFSA에서 부모님의 수입은 Tax Form 1040에서 **AGI** (Adjusted Gross Income)를 사용하는데 Gross Income에서 Deduction 할 수 있는 항목들을 잘 활용하셔서 AGI를 줄이는 방법이 현명합니다. 대표적인 항목이 **(Roth)-401k** 나 **(Roth, SEP)-IRA** 같은 **Tax Qualified Plan**과 **HSA** (Health Savings Account)가 있습니다.

(3) **529 College Savings Plan**은 Tax-Advantage 영역의 금융상품이어서 절세효과가 있지만(일반적으로 윤택하신 부모님, 조부모님들이 자녀, 손주들에게 Gift 형식으로 만들어 줌), 학자금 용도로만 사용이 가능하고 FAFSA의 자산으로 잡힌다는 제한이 있습니다. 중산층 이상의 가정이 사용하기에 적합한 금융상품입니다. 다음 챕터 (6-5)에서 자세하게 설명합니다.

(4) **Cash-Valued Life Insurance**는 절세 효과(Tax-Advantage)도 있고 FAFSA의 자산으로 잡히지 않는 장점이 있습니다. 그리고 다른 Tax-Deferred와 Tax-Advantage 영역에 있는 은퇴자금(Roth-401k와 Roth-IRA)은 학부모 본인이 60세 이상이 되어야 온전히 사용할 수 있는 단점이 있지만 Cash-Valued Life Insurance는 언제든지 세금 없이 학비로 사용할 수 있는 커다란 장점이 있는 금융상품입니다.

(5) **Roth-IRA**는 cash-valued life insurance와 비슷하여, 절

세 효과(Tax-Advantage)도 있고 FAFSA의 자산으로 잡히지 않는 장점이 있습니다. 또한 저축 원금에 대해서는 언제든지 필요할 때 학자금 용으로 세금 없이 활용할 수 있고, 5년이 지나면 증식된 이자까지도 세금 없이 자유롭게 사용할 수 있습니다. 그러므로 중산층 이하 계층이 학자금 용도로 사용하기에 좋은 금융상품입니다.

한편 학생 본인이 24세 이상, 대학원 지망, 기혼자 혹은 부양인이 있는 경우 중 어느 하나만 만족하면 부모로부터 Independent 상태로 취급 받아서 학비보조를 많이 받을 수 있습니다.

◧ 학자금 보조 신청 Q&A

Q.
01
어떻게 하면 대학교에서 장학금, 그랜트를 많이 받을 수 있을까요?

일단 학생은 직업군과 그에 따른 전공, 학교를 잘 선택해야 하고 틈틈이 Scholarship Program을 찾아보고 지원하도록 권유합니다. 부모님은 FAFSA 와 CSS를 잘 작성해서 그랜트(Grant)를 많이 받아야 하는데, 그 전 해의 Tax Return File을 근거로 부모님과 학생의 재정상태를 판단하므로 당해 연도가 아닌 그 전해부터 미리 준비 하기를 권합니다. 예를 들면 2022년 가을에 대학 입학 예정이라면 2020년 Tax Return File을 이용합니다. 그러므로 미리부터 재

정 플랜을 해 놓아서 대학교에 입학할 때 학자금 보조를 조금이라
도 더 많이 받을 수 있도록 합시다.

Q.
02 학자금 보조 신청을 사전 준비 없이 급하게 하면 어떤 일이 벌어질
수 있을까요?

　많은 분들이 자녀가 12학년(Senior year)일 때 준비하면 된다고 알고
계시지만 그 이전 해(Junior year)의 Tax return을 근거로 FAFSA(1
년 전 파일)나 CSS 프로파일(1, 2년 전 파일)을 작성하게 되므로, 되도록 그
이전 해 (Sophomore year)부터는 커다란 재정적 변화가 일어나는 일은
피하도록 권합니다. 만약 12학년 때에 준비를 하면 대학 입학 첫해
에는 학비 보조를 많이 못 받게 될 수 있는 점 유념하시기 바랍니다.
또한 학자금 보조 신청은 대학입학 할 때 한번만 하는 것이 아니라
매년 신청 해야 계속 학자금 보조를 받을 수 있으며, 자녀가 대학원
에 진학하더라도 매년 계속 FAFSA 신청을 해야 학자금 보조를 받
을 수 있습니다.

4 미국대학 학자금 준비 - CSS Profile

지난 시간에는 미국 대학 학자금 보조 신청에 대해서 설명했습니다. 일반적으로 공립 대학교는 FAFSA만 작성하면 되지만, Top 400여 개 사립대학은 FAFSA뿐만 아니라 CSS Profile 도 작성해야 합니다. 그리고 해외 거주 유학생(International Student) 들이 미국 대학에 지원하려면 CSS Profile을 작성해야 합니다. 그래서 이번 챕터에는 CSS Profile 은 어떻게 구성되어 있고, 어떻게 작성하는지에 대해 알려드리겠습니다.

◘ FAFSA와 CSS Profile 비교

FAFSA	CSS Profile
Federal Government (Department of Education)	College Board
Free	Costs money
Required by all schools	Not required by all schools (only 사립학교)
Federal/State Aid (Grant, Loan)	Institutional Aid (College own fund)
EFC value by Simplified Need Test	Invest all assets (with recent two years tax returns)
No home equity, Not if small business	Home Equity, Business Equity, Parents Expenses
Only Permanent Residence, US Citizenship	Not required resident status 해외유학생

먼저, 모든 대학에 공통적으로 작성해야 하는 FAFSA와 사립대학 지원 시 작성해야 하는 CSS Profile을 비교해 보겠습니다. 위 그림에 나와 있듯이, FAFSA는 연방정부에서 관리를 하고 CSS Profile

은 College Board라는 단체에서 관리를 합니다. FAFSA는 무료이고 재정에 관련된 간단한 정보로 EFC 값을 구하여 이 값에 맞는 정부 출연 Grant나 Loan을 학생들에게 제공합니다. 이에 반해 CSS Profile은 지원할 때 약간의 돈이 들고 학생과 부모님의 재정상태(2년 치 세금보고 자료를 포함)를 아주 자세히 조사합니다. 그래서 이 조사를 근거로 해서 학교 내부 장학금을 학생들에게 제공합니다. CSS Profile은 집과 비즈니스에 관련된 자산에 대해서도 보고해야 하며 부모님의 비용 지출 규모도 보고해야 합니다. FAFSA는 미국 영주권자나 시민권자만 할 수 있는 양식이지만, CSS Profile은 해외 유학생을 포함해서 지원자의 Resident Status에 대한 제한이 없습니다.

▣ CSS Profile 작성 요령

College Board가 운영하는 웹사이트(cssprofile.collegeboard.org)에 들어가면 CSS Profile에 대한 설명이 나옵니다. 상단 메뉴 바에 나와 있는 Getting Start 버튼을 클릭하면 CSS Profile 지원서 작성을 할 수 있습니다. 지원서 작성하기 전에 다른 메뉴 바에도 방문하셔서 참고가 될만한 여러 Resources 들을 미리 읽어보시기 바랍니다.

CSS Profile 은 FAFSA와 비교해서 준비해야 할 자료가 많고 작성이 상당히 까다로운 편이므로, 지원서 작성 전에 CSS Profile Worksheet 라는 곳에 들어가서 사전에 준비해야 할 서류는 무엇인지, 그리고 언제까지 작성해야 하는지, 온라인 작성 시 어떤 정보가 필요한지를 꼼꼼히 알아보시기 바랍니다. 그리고 나서 Pre-Application Worksheet 같은 것을 이용하여 작성 연습을 한번 해 보시고 나서 지원서 작성을 하기 바랍니다.

 비 영주권자, 외국에 사는 미국 시민/영주권자, 그리고 유학생인 경우는 CSS profile을 어떻게 작성하나요?

FAFSA는 미국 영주권자나 시민권자만 할 수 있는 양식이지만 CSS 프로필은 해외 유학생을 포함해서 지원자의 Resident Status에 대한 제한이 없습니다. 그러므로 CSS Profile 홈페이지 첫 번째 화면 오른쪽 중간 단에 있는 "Completing the CSS Profile for the Noncustodial Parent" 버튼을 클릭하셔서 안내 대로 지원서를 작성하시면 됩니다. 비 영주권자나 외국인이 학비 보조를 받고 싶은 경우는 CSS Profile 외에 학교에서 요구하는 특별한 Form이 있을 수 있으므로 각 학교 Financial Aid Office에 직접 연락하여 알아보는 게 좋고, 외국에 사는 미국인 경우도 부모님의 Residential Status에 따라 달라지므로 해당 학교에 직접 연락하여 꼭 확인을 받는 게 좋습니다.

▣ CSS Profile제출하기

지원서 작성에 필요한 Info는 무엇이 있을까요? 아래와 같이 크게 4가지 영역의 정보를 기입합니다.

❶ Parents/student info

❷ Housing info

❸ Parents/Student Income and (Business) Asset Info

❹ Parents Expenses

간단한 재정 관련정보만 원하는 FAFSA와 달리, CSS Profile은
세세한 학생/부모님의 재정상황을 물어보고 증빙서류를 요구합니다.

■ 온라인으로 작성 완료하여 Submit 하고 나면, 대부분의 사립학교
는 학생의 이메일에 IDOC(Institutional Documentation Service) 웹사
이트 주소와 ID를 제공합니다. 학생은 이곳에 로그인해서, 학교 측
에 필요한 서류들(W-2 form, 1099-Form, Tax Returns, 각종 금융기관 account
statements, etc)을 온라인으로 송부(upload) 합니다.

Financial Forms to CSS-Profile

1. Two most recently completed tax returns

2. W-2 forms, 1099 forms, other records of current year income

3. Records of untaxed income and benefits

4. Recent Bank, Mortgage Statements

5. Records of stocks, bonds, trust, 529 plans, any other financial statements

생활경제

5 미국 대학 학자금 준비 - 529 플랜

대학 학자금 준비용으로 세금 혜택 있는 저축 플랜인 529 플랜에 대해서 알아봅니다. 이 금융 상품은 중산층 이상 가정에는 적합하지만 중산층 이하 가정은 Roth-IRA 방법이 더 좋습니다.

529 Plan

What	Types	Benefits
A type of college savings plan	1. College savings Plan: can be used for almost any institution	Flexible: All State & Private College
Named for section 529 tax code	2. Pre-Paid College Tuition: locks in tuition rate for chosen university	Can change beneficiary any time
529 Plan		Tax-Advantage Growth
		Can be used for elementary, middle, and high school with limited amount

◻ 529 플랜이란?

대학 교육비가 매우 비싼 미국에서 학자금 마련 금융 방법은 몇 가지가 있습니다. 이 중에 가장 많이 사용하는 529 플랜(529 College Savings Program)은 1996년 연방의회에서 제정하여 (26 U.S. Code § 529 - Qualified tuition programs) 주 정부가 스폰서가 되고 투자 회사(Brokage company)가 운영하는 대학 학자금 용 저축 플랜입니다. 학부모들의 대학 학자금 마련을 위해 연방정부가 세금혜택을 주는 금융상품인데, 아쉽게도 미주한인들은 아직 이 플랜을 잘 활용하지 못 하는 것 같습니다. 미주 한인들의 재정 교육 필요성을 다시 한번 느낍니다.

529플랜은 Roth-401(k)나 Roth-IRA 같은 Tax Advantage 금융상품으로, 세금 낸 돈에서 저축하면 나중에 원금과 이자를 학자금용으로 Tax Free로 찾아 쓸 수 있습니다. 529 플랜은 연방 소득 공제는 없지만 주 소득 공제가 있는 주가 있으니 별도로 알아볼 필요가 있습니다.

529플랜은 2가지 종류가 있습니다. 하나는Prepaid College Tuition Plans이고, 다른 하나는 College Savings Plans입니다. (1) Prepaid College Tuition Plan은 교육기관에서 운영 할 수 있는 플랜으로 대학 학비 인상에 염려없이 거주지역 주립대 교육비의 일부 또는 전부를 미리 내는 것입니다. 하지만 타주 대학이나 사립대학으로 진학하는 경우 문제가 생길 수 있습니다. (2) College Savings Plans는 근로 수입에 관계없이 누구나 가입 할 수 있으며 주 정부 마다 독자플랜들이 있고, 어떤 주에서 운영하는 것이든 상관없이 가입 할 수 있다는 장점이 있습니다. 대부분 (2) 방법을 사용합니다.

529플랜의 최대 장점은 세금 혜택입니다. 플랜 주인의 예금은 연방 소득세 공제를 받지 못하지만, 어떤 주는 주 소득세 공제를 해 줍니다. 교육목적으로 사용했을 땐 투자이익에 대한 세금이 면제됩니다. 그리고 수혜자를 수시 변경 할 수 있습니다. 예를 들어 자녀가 나중에 대학을 가지 않을 경우 부모 자신을 포함한 다른 가족 멤버로 수혜대상을 바꿀 수 있습니다.

▣ 529플랜의 활용

투자회사에서 운영하는 529 Plan Account의 돈은 주식이나 뮤추얼 펀드에 투자됩니다. 만약 학비 외 용도로 사용하게 되면 세금혜택 없고 10% 페널티가 부과됩니다. 529 플랜은 투자 금융상품이므로 투자리스크가 존재합니다. 그러므로 분산투자 포트폴리오를 잘 만들어서 운용하는 것이 매우 중요합니다.

중산층 이상의 가정은 고려해 볼만한 플랜이지만 저소득층 가정은 FAFSA를 통해 학자금 보조를 받는데 529 플랜이 오히려 방해가될 수 있습니다. 왜냐하면 529 플랜에 있는 돈은 FAFSA 자산으로 분류되어 ERC값을 높이게 되기 때문입니다. 이들에게는 FAFSA자산으로 분류되지 않은 다른 저축 방법을 생각해 보는 것이 좋습니다. Roth-IRA를 이용하는 것이 FAFSA자산으로 분류되지 않고 비슷한 세금혜택이 있기때문에 가장 바람직한 방법입니다. 다른 방법으로는 은퇴연금이나 저축성 생명보험을 이용할 수 있습니다.

고소득(예: 개인 소득 $200,000 이상)이거나 자산이 많은 가정은 FAFSA를 통한 대학 재정 보조(Financial Aid)를 받을 가능성이 매우 적고, Roth-IRA도 가질 수 없기 때문에 529플랜이 매우 유리합니다.

529 Plan Account에 저축하는 것은 증여(Gift)의 개념이므로, 일 년에 $15,000 이상의 액수에 대해서는 증여세(Gift Tax)가 부과됩니다. 또한 연간 증여세 면제 액 $15,000을 활용하여 5년 총액인 $75,000까지 한번에 저축할 수 있고, 공동 세금보고하는 부부

는 연 $30,000씩 5년 총 액수인 $150,000까지 한번에 저축할 수 있습니다. 이러한 규정을 "Five Year Carry Forward Option"이라고 합니다. 또한 주마다 조금씩 다르지만, 하나의 529 Plan Account당 최고 금액 규정($235,000 - $529,000)이 있습니다.

- www.savingforcollege.com는 미국에 100개 넘는 529플랜이 있는데 플랜들을 비교해서 볼 수 있는 사이트인데 한번 방문해 보기 바랍니다.

▣ 529 플랜 Q&A

Q. 01 **529플랜 계좌에서 활용 범위는 구체적으로 어떻게 됩니까?**

자녀 뿐만 아니라 손자손녀, 사랑하는 사람들 또는 본인까지도 인가된 공립 또는 사립 미국 종합대학과 단과대학, 또는 2년제 기술 또는 직업 전문대학, 그리고 국제 교육기관의 교육비를 529 플랜에 있는 돈에서 사용할 수 있습니다. 그리고 학교생활을 위해 필요한 다양한 용도의 비용들(교재, 학용품 및 비품, 그리고 기숙사비 및 생활에 필요한 다양한 용품)을 지불하기 위해서도 사용할 수 있습니다.

수혜자(Beneficiary)를 변경할 수 있습니까?

언제든지 수혜자를 변경하거나, 또는 계좌의 일부분을 다른 수혜자에게 이전할 수 있습니다. 새로운 수혜자는 IRS의 정의에 따른 수혜자 적격 구성원 (형제자매, 아주머니, 의붓자식, 친 사촌, 배우자 등)이어야 세금혜택을 받을 수 있습니다. 또한 다른 사람으로부터 기부를 받을 수 도 있습니다.

Q.
03
자녀가 대학에 가지 않기로 결정하면 어떻게 됩니까?

다음의 3가지 중에서 선택할 수 있습니다. (1) 자금을 계좌에 계속 보유해 두었다가 수혜자가 나중에 대학에 다니겠다고 마음을 바꾸는 경우엔 투자금을 사용할 수 있습니다. (2) 수혜자를 다른 적격 가족 구성원으로 변경할 수 있습니다. (3) 비 적격 인출을 합니다. 플랜 주인은 기여한 원금을 인출할 수 있으나, 수익은 해당되는 연방 세와 주세의 과세 대상이 되고, 추가로 10%의 연방정부 벌금을 납부해야 합니다. 저는 두번째 옵션을 선호합니다.

다른 주로 이사하는 경우, 기존의 529플랜은 어떻게 됩니까?

다른 주로 이사하여도 그 계좌에 투자된 자금은 계속 유지할 수 있고, 그 계좌에 계속 저축할 수 있습니다. 529 플랜에 투자하기 전에, 펀드 주인이나 지정된 수혜자가 거주하는 주에 주 소득세 혹은 다른 혜택을 제공하는 529 플랜이 있는지 반드시 조사하시기 바랍니다.

529플랜은 꼭 대학 학비를 위한 용도로만 써야 세금혜택을 받을 수 있나요?

아닙니다. 2018년부터 대학 뿐만 아니라, 초등학교에서 고등학교까지 혜택 범위를 넓혔습니다. 하지만 한가지 제한 요건이 있는데, 대학 이상의 교육기관이 아닌 경우엔 세금공제 혜택을 받으며 쓸 수 있는 금액의 한도가 수혜자 한 명 당 매년 $10,000까지 입니다.

529플랜을 가입하는 방법은 어떻게 되나요?

529플랜은 세금 혜택이 있는 투자 금융상품이므로 시중의 Brokerage Company(Ex, Vanguard, Fidelity, Charles Schwab, Robinhood, etc) 웹 사이트에 들어가 보면 529플랜 상품을 쉽게 찾을 수 있습니다. 자기가 살고 있는 State뿐만 아니라 타 주의 상품도 구입할 수

있으나 State마다 세부 규정이 약간 다를 수 있으니 잘 살펴보시고
가입하기 바랍니다.

6 미국대학 학자금 준비 - 미군입대(G.I.Bill 제도)

연방정부 일년 예산 중 약 15% 정도를 국방비로 사용하는 미국은 다른 나라에 비해 군인들 처우개선에 훨씬 신경을 많이 쓰고 있습니다. 미군은 한국과 같은 의무병 제도가 아닌 지원병 제도입니다. 미국에서 군 생활은 하나의 직업으로 인식하여 경력개발을 할 수 있는 기회라고 생각합니다. 많은 젊은 청년들은 군대의 G.I. Bill 이라는 제도를 활용하여 본인의 대학 학비를 충당하려고 합니다. 미군 생활은 한국 군 생활과 달리 매우 자율적이고, 개인생활에 많은 혜택이 있습니다. 저는 미군 하면 나라의 특수 임무를 수행하는 연방정부 공무원과 같은 느낌이 듭니다. 한국 부모님들은 군대에 대한 막연한 선입견으로 자녀들이 군대 지원하는 것을 부끄럽게 생각하는 경향이 있습니다. 그러나 미국에서는 본인의 군 경력을 자랑스럽게 생각하고 있고 일반인들 인식도 매우 좋은 편입니다.

지금부터 미군 입대 과정, 미군의 직업, 미군 생활, 그리고 대학 학자금 보조를 포함한 여러 경제적 혜택에 대해서 알아보겠습니다.

▣ 미군(육군, 해군, 해병, 공군)

미군은 연방정부 프로그램으로 국가의 안전을 지키는 동시에 일하고 있는 병사들과 그들의 가족을 책임지고 있는 하나의 가족과 같은 곳이라고 말할 수 있습니다. 육군(Army), 해군(Navy), 해병(Marine), 공군(Air Force) 4개의 카테고리로 나누어져 있으며 각자의 특징과 임무가 있습니다. 가족의 삶과 행복을 지키면서 교육과 건강을 책임지고 있습니다.

한국 군대는 소수의 직업군인이 있지만 기본적으로는 의무병제이고 미국 군대는 유급 지원병 제입니다. 그러므로 미군은 자격 요건을 갖춘 사람에 대해 국가를 지키면서 특수 임무에 대한 경험을 쌓고 싶은 분들은 언제나 환영합니다. 관심있는 분은 가까운 Army Career Center에 방문하시기 바랍니다.

◾ 미 육군의 두가지 경로와 입대 자격

미 육군 입대는 Active Duty 와 Reserve Duty 두 가지 경로로 나누어져 있습니다.

(1) Active Duty(현역/풀타임 군인)

월-금요일까지 정상 근무(8시간). 계약 기간은 보직에 따라 최소 2년부터 6년까지 입니다. 계약이 끝나는 동시에 재계약(장교 track으 로도) 할 수 있습니다.

(2) Reserve Duty(예비군/파트타임 군인)

매달 16시간 근무. 여름에는 2주 근무. 근무는 주말/평일에 flexible 하게 거주지 근처에서 할 수 있습니다. 근무시간 외에는 각자의 학업/일에 종사합니다. 주로 대학생과 젊은 직장인이 지원합니다. 부대에 따라 다를 수 있지만 대개 6년 계약하며 재계약 가능합니다.

(3) 입대 자격

신체적 특성(키, 몸무게, 활동하는데 불편함을 줄 수 있는 수술 기록), 범죄기록 유무, 영주권자 이상. 학력은 고졸 이상, 남녀 모두, 나이는 사람과 직업 군에 따라 다소 차이는 있을 수 있으나 17-34세를 원칙으로 합니다.

(4) 계급

학력에 따라 달라질 수 있습니다. 크게 3가지 구조로 되어있습니다.

❶ 일반 사병/하사관(Enlisted)
❷ 기술 장교(Warrant Officer)
❸ 장교(Commissioned Officer)

(5) MAVNI(Military Accessions Vital to the National Interest)

외국인인데 군 입대 조건으로 미 시민권을 주는 제도입니다. 그러나 4~5년 전에 중단되었습니다. 향후 다시 생길 가능성은 있다고 합니다.

▣ 미 육군 입대 과정

입대 과정은 매우 쉽고 다음과 같이 진행합니다.

❶ 모병관(Army Recruiter)과 인터뷰를 통해 지원 희망자의 인적 사항 파악(Background Check-Up)

❷ Pre-Test(영어, 수학, 과학)를 통해 지원 희망자의 적성과 부족한 부분을 파악하여 실전 시험(ASVAB)에 대비합니다.

❸ 그 이후 MEPS(Military Entrance Processing Station)에서 ASVAB (armed services vocational aptitude battery) 시험을 봅니다. ASVAB 시험은 10개의 과목에 대해서 4시간 진행합니다.

❹ 시험 결과에 따라 보직을 협상하여 결정합니다.

❺ 보직 결정 후 정밀 신체검사를 받고, Guidance Counselor와 함께 계약서 작성하고 선서를 합니다.

기초체력은 있으면 좋지만 없어도 큰 문제 없습니다. 기초체력 검정(Two-Mile Run, Push-Up, Sit-Up 등) 결과에 따라 부족한 부분이 있으면 입대 전까지 모병관과 함께 보충해 나갑니다.

- **■ 모병관의 역할**
  입대 지원 초기부터 입대 훈련 때까지 모든 부분을 친절하게 안내합니다. 부족한 부분을 발견하여 지원자를 Screen하는 것이 아니라 최대한 보충하게 해 줘서 입대 훈련과 군 생활에 도움을 주는 역할을 합니다.

◨ 군 입대 후 기본 훈련과정

- **First-Step**
  Army Basic Combat Training, 9주간의 기초 훈련. 훈련 장소는 보직에 따라 결정됩니다(한국군의 논산훈련소와 유사함).

- **Second-Step**
  AIT(Army Advanced Individual Training) in their Military Occupational Specialty(MOS), 8주 이상의 보직 훈련(한국군의 후반기 교육과 유사합니다).

- 만약 영어 소통 능력이 부족하다고 ASVAB 시험을 통해 인정이 되면 오클라호마 주에 있는 **미 육군 FLR**I(Foreign language Recruiting Initiative)이라는 프로그램을 통해 영어능력을 향상시킨 후 원하시는 보직을 결정하여 입대가 가능하도록 합니다.

◨ 다양한 군대 직업

미 육군은 미군에서 제일 큰 규모를 자랑합니다. 150개 이상의 직업과 30개 이상의 경력 분야가 있습니다. 아래 그림에서 볼 수 있듯이, 의료, 금융, 물류, 전투, 운송, 정보기술, 방송, 음악 등등 다양한 분야의 보직이 있습니다.

미국 내 기업들은 군 직업 경험과 리더십을 높게 평가합니다. 왜냐하면 미국 내 기업들이 과거 학력 중시에서 직무 경험과 리더십을 중시하는 쪽으로 바뀌고 있기 때문입니다. 그러므로 군 직업 경력이 사회에 나가서 본인의 경력개발에 매우 도움이 됩니다.

Army Military Occupational Specialty (Army Skill Training)

- Administrative Support (ex. Financial management Technician (36B))
- Intelligence & Combat Support (ex. Unit Supply Specialist (92Y))
- Art & Media (ex. Musician (42R))
- Legal & Law Enforcement (ex. Paralegal Specialist (27D)
- Combat (ex. Special Forces Weapons Sergeant (18B)
- Mechanics (ex. Avenger System Repairer (94T)
- Computers & Technology (ex. Information Technology Specialist (25B))
- Medical & Health (ex. Pharmacy Specialist (68Q), Preventive Medicine Specialist))

해군, 공군, 해병은 육군만큼 직업군이 다양하지는 않으나 육군에 없는 특수직업군이 있습니다.

▣ 미군의 경제적 혜택(Financial Support)

Active Duty 군인(Full-Time)을 기준으로 아래와 같이 정리해 보았습니다.

❶ **전액 학비 지원**(Tuition Assistance(TA))
under/graduate school, medical school

❷ **학비 대출 지원**(Student Loan Repayment Program)
up to $65,000

❸ **입대 보너스 지원**(Enlistment Bonus) − up to $40,000

❹ **100% 의료 보험 지원**(100% covered Medical Insurance),
and 본인 생명보험과 롱 텀 케어

❺ 은퇴연금 혜택(Retirement Pension for more than 20-year service, TSP account)

❻ 집값 보조(Basic Allowance for Housing)

❼ 식사비 보조(Basic Allowance for Subsistence)

❽ 30일 유급 휴가(30 Days Paid Vacation per Year)
Accumulated 2.5 day per month

❾ 다운 페이 없는 집 구매(VA Home Loan without down-payment)

Reserve 군인은 Part-time이기 때문에 Active 군인만큼 지원 받지 못합니다.

■ **G.I. Bill**
위 1,2 항목에 해당하는 제대 후 본인 및 가족 교육비 보조 제도입니다. 대학 입학 사정에 군 경력이 유리하게 작용합니다. 그리고 수업료는 전액 보조 받습니다. 본인이 사용하지 않으면 배우자나 자녀가 대신 사용 할 수 있습니다. 자세한 사항은 해당 지역 모병관께 문의하시기 바랍니다.

▣ **미군 생활 환경과 파병 활동**

미군 생활은 일반인의 직장 생활과 똑같습니다. 근무시간(9-5) 이후는 자유시간입니다. 주 5일 근무. 휴일(연가, 병가). 주거공간/가구를 마련해 주므로 일과시간 외에는 자유시간을 충분히 누릴 수 있습니다. 근무하면서 본인의 직무 경력이 쌓여서 제대 후 사회생활에 활용할 수 있습니다. Active Duty인 경우 제대 후 대학 공부할 수 있고 이때 학자금 전액을 지원받습니다(G.I. Bill 제도).

미 육군은 파병의 가능성은 충분히 있습니다. 파병하면 위험한 곳에서 전투하는 것으로만 생각하시는 것은 기우입니다. 파병은 근무지와 생활환경만 바뀌는 것이지 하는 일은 똑같습니다. 오히려 파병 기간에는 높은 급여, 세금 혜택, 그리고 특별 휴가를 받습니다. 한국계인 경우는 주한미군에서 파병 생활을 많이 하는 경향이 있습니다.

유산

Legacy

⑦
상속 제도

1 유언장(Will)

　본인 사후에 내가 평생 모은 재산을 누구에게, 무엇을, 얼마나, 그리고 어떤 방식으로 물려주는가에 대해 미리 문서화하는 일이 상속 계획(Estate Planning)입니다. "상속을 잘해야 집안이 산다"라는 말이 있습니다. 이것을 잘 준비해 놓으면 불필요한 시간과 경비를 줄일 수 있고 가정의 행복을 가져다 줍니다. 미리 준비하지 않으면 가족에게 재앙이 될 수 있는 상속 계획은 어느 특정인만 필요한 것이 아니라 모든 사람이 준비해야 하는데, 법적인 효력을 갖게 하기 위해 규정된 방법으로 하는 것이 매우 중요합니다. 민주당 정권으로 바뀐 2021년엔 상속세에 대한 부담이 한층 높아졌음으로, 상속 계획의 중요성은 그 어느때보다 커졌습니다. 미국의 상속법은 절차에 있어서 주 별로 다소 차이가 있지만 전체적인 내용을 이해하시면 준비하시는데 도움이 됩니다. 캘리포니아 주에서는 15만 불 이상의 재산이 있는 경우 유언장(Living Will) 작성을 해야 합니다. 만약에 유언장 없이 사망한 경우에는 법원이 유언 검증(Probate) 변호사를 임명해 유산을 정리하게 되며 유산의 3.5% ~ 6% 정도의 유언검증비를 내야 하므로 신속하고 저렴하게 상속을 하려면 먼저 유언장 준비부터 해야 합니다.

❑ 유언장 내용

유언장을 작성할 때 기본적으로 들어가는 내용은 아래 그림과 같습니다.

[유언장 작성 시 꼭 들어갈 내용]

1. 본인의 재산을 누구에게 물려주고 어떻게 분할할지에 대한 내용

2. 본인의 사망 시 장례방법(화장/매장)과 장기기증에 대한 내용

3. 의식불명(Coma) 상태가 되었을 때 안락사 혹은 생명연장에 대한 내용

4. 미성년 자녀가 성인이 될 때까지 자녀를 돌보아주고 본인의 재산을 관리할 후견인(Guardian) 임명

5. 유언장을 집행할 유산집행인(Executor)을 임명

- 1, 2항목은 유언장의 가장 기본적인 내용으로 내 자산을 물려주는 방법과 장례 방법에 대해서 언급합니다.

- 3~5항목에는 위임장(power of attorney)이 필요합니다. 위임장은 지금의 건강상태로는 더 이상 정상적인 판단과 행동을 할 수 없을 때 내 건강과 재정에 대한 일을 대신 할 수 있는 권한을 부여하는 법률 문서입니다. 유언장에서는 일반적으로 **의료행위 관련 위임장**(Healthcare power of attorney)**과 재정관련 위임장**(Durable power of attorney)**을 만듭니다.** 그리고 사망후 유언장의 내용을 집행할 사람을 지정합니다.

- 4항목에서 18세 미만의 미성년자가 수혜자가 될 경우는 재산상속이 될 수 없으므로 18세가 될 때까지 후견일(Guardian, power of attorney)을 지정하는 일도 매우 중요합니다.

의료행위 관련 위임장에서는 **사전 의료 의향서**(Advance Health Care Directive)와 **생명유지치료에 대한 의사 지시서**(Physician Orders for Life-Sustaining Treatment)를 작성합니다. (1) 사전 의료 의향서는 본인이 건강하지 않을 때 본인의 의료 치료를 결정해 줄 수 있는 **대리인**을 설정하는 장치이고, 대리인은 환자의 의료기록 열람권을 가집니다. 또한 환자를 대신해서 의료 결정에 대한 서류에 서명하고 환자 사망 시 시신 처리와 장기기증에 대한 결정권을 가지고 환자가 성인 후견인이 필요할 때 성인후견인으로 신청할 수 있는 권리 등 환자의 의료 치료에 대한 광범위한 권리를 가지게 됩니다. (2) **생명유지치료에 대한 의사지시서**에서는 생명 연장에 대한 본인의 의지를 밝힙니다. 환자의 고통을 줄이고 재산을 보호하는 목적으로 본인이 코마 상태가 되었을 때, 1) 심폐소생술을 포함한 모든 가능한 치료를 통해 생명 연장을 원하는지, 2) 항생제 치료와 수액만 투여 받을지, 3) 물, 음식을 거부하고 모르핀만 허용하는 안락사(DNR (Do-Not Resuscitate) 소생술 금지)중 원하는 것을 밝힙니다. 이 서류는 의사의 서명이 필요하며 해당 환자 혹은 대리인이 서명을 해야 합니다.

❑ 유언장 작성시 주의사항

작성자가 **정신적인 능력**(Mental Capacity: 의사 결정력)이 있어야 유언장을 작성할 수 있습니다. 만약 치매에 걸리면 유언장을 작성할 수 없겠죠. 캘리포니아 상속 법에 따르면 작성자가 본인의 상속 행위, 자신의 재산, 그리고 가족관계를 이해할 수 있어야 정신적인 능력이 있다고 인정합니다. 정신적인 능력이 완전하지 않은 상태일 때 유언장을 작성하면 나중에 가족 간 상속 분쟁이 생길 수 있기 때문에 조심해야 합니다.

유언장은 상속 법이 요구하는 양식에 맞게 작성해야 합니다. 경솔하고 무책임하게 유언장을 작성하지 못하도록 엄격한 양식을 만들어 놓았습니다. 그렇지 않으면 유언장 관련된 사기, 위조, 그리고 변조 등이 일어날 가능성이 있기 때문입니다. 일반적으로 상속 법에서는 두 가지 유언장 작성 방법을 허용하고 있습니다. (1) 유언장 작성자가 공증인과 2명 이상의 증인 앞에서 타이핑 한 유언장에 서명하고 공증하는 것입니다. (2) 다른 하나는 자필 작성(Holographic Will)이라고 하는 것으로 유언장의 중요한 내용들을 자필로 작성하고, 서명하는 것입니다. 그러나 이 방법은 필적 감정, 번역 공증 등 시간과 비용이 (1) 방법보다 더 소요됩니다.

한번 작성한 유언장은 언제든 수정할 수 있습니다. 가령, 자녀들에게 재산을 균등하게 배분해 주는 내용의 유언장을 작성하였는데, 마음이 바뀌거나 환경이 바뀌면 그 내용을 수정할 수도 있고 폐기할 수도 있습니다. 유언장을 수정하려면 수정하고자 하는 부분만 새로 작성하거나, 아니면 전체를 새로 작성할 수 있습니다. 간단한 조항만 수정할 때는 전자의 방법을 많이 사용하지만, 수정하는 부분이 여러 곳이거나 여러 번에 걸쳐서 수정해야 한다면 후자의 방법이 더 바람직합니다. 이럴 경우 예전 유언장은 소각하거나 폐기해 버리면 됩니다. 또다른 방법으로는 새 유언장을 통해 이전 유언장이 효력 없음을 명시하는 것입니다. 결론적으로 **유언장 작성은 혼자 조사해서 작성하는것보다 전문가의 자문을 받아서 정확한 규격에 맞게 하시기 바랍니다.**

◻ 유언장 Q&A

Q. 유언장은 부부가 함께 작성할 수 있나요?
01

아닙니다. 다음 챕터에 설명할 리빙트러스트(Living Trust)는 하나의 Family Trust로 통일할 수 있지만, 유언장(Will)이나 위임장 (Power of Attorney)은 남편과 부인이 동시에 함께 사망한다는 보장이 없기 때문에 따로 작성하고 공증을 받아야 합니다.

Q. 유언장만 있으면 유언 검증(Probate)을 거치지 않아도 됩니까?
02

그렇지 않습니다. 유언장이 있다 하더라도 그 내용이 상속 재판소에서 상속 분할에 적합한지, 상속분쟁이 일어나 작성자의 치매 상태나 서명 여부 등을 검증하는 경우가 꽤 있습니다. 캘리포니아에서는 자산 가치가 15만 달러 이상이며 신탁 계획과 수혜자가 지정되지 않은 경우(Living Trust가 없으면), 해당 자산은 반드시 유언 검증 절차를 거쳐야 합니다.

Q. 위임 받은 Power of attorney가 유언장에 대신 서명할 수 있나요?
03

일반적으로 재정 위임장(Durable power of attorney)을 가진 사람이 치매 걸린 사람 대신해 재산을 처분할 수 있습니다. 하지만, 유언장은 본인만이 작성할 수 있습니다. 만약 재정 위임장을 가진 사람이 대신 사인하면 그 유언장은 무효입니다.

상속 전문가 김병오선생님과 함께 한 미국재정가이드의 유튜브방송 대담 내용을 중심으로 만들었습니다. https://youtu.be/JP7T1Wb-FiU

2 리빙트러스트(Living Trust)

☐ 한국에 없는 유언 검증(Probate) 절차

미국에서는 관할법원에서 유언 검증(Probate) 절차를 통해 고인의 자산이 상속이 되어도 좋다는 허가를 받은 후에야 비로소 상속인에게 전달됩니다. 유언 검증은 고인의 자산 중 부채가 있으면 변제하고, 나머지를 상속인에게 소유권을 이전하는 공개된 법률 과정입니다. 캘리포니아 주에서는 고인의 자산이 15만불 이상인 경우 신탁 계획과 수혜자가 정해지지 않았으면 유언 검증 절차를 반드시 거치게 되어 있습니다. 유언 검증 절차는 보통 1년 반 ~ 2년 정도 소요되며, 본인 자산의 5-8% 정도가 관할법원의 비용 (Probate fee)으로 청구됩니다. 그러나 Trust (신탁 자산)는 이러한 법원의 절차없이 정해진 상속인에게 바로 전달 됩니다.

☐ 리빙 트러스트 정의와 장점

Chapter 7-2
그림 1

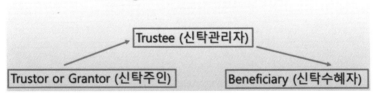

Living Trust (생전신탁)

Trustee (신탁관리자)

Trustor or Grantor (신탁주인)   Beneficiary (신탁수혜자)

유산

리빙 트러스트(Living Trust)는 신탁 설립자(Trustor or Grantor)가 서류상 신탁관리회사(Trust)를 만들어서 내 자산을 옮겨놓고 생전/사후 운영 방식을 정하여 살아있는 동안은 신탁 관리자(Trustee)가 운영하다가 사후에는 신탁 수혜자(Beneficiary)에게 남은 자산을 신속하게 전달 할 수 있게끔 만든 미국 상속제도 입니다.

리빙 트러스트를 한국말로 생전 신탁, 유언 대용 신탁, 수익자 연속 신탁이라고 번역 할 수 있지만 한국에는 없는 제도이기에 단어가 많이 어색합니다. 미국 상속 제도의 하나로서 사후 뿐만 아니라 생전에도 자산 관리를 지정하는 제도이기에 Living Trust라고 불립니다.

신탁 주인이 사망 했을 때 Probate 과정 없이 신탁 안에 있는 재산이 신탁 수혜자에게 바로 옮겨지므로 상속 과정의 시간과 비용을 절감해주는 제도이고, 중산층 이상의 가정에게는 꼭 필요한 상속제도 입니다.

지정된 자산에 변경사항이 있을 때마다 업데이트 할 수 있도록 하기 위해 주로 Revocable Living Trust를 이용하지만(트러스트 내의 수입에 대해서는 소득세를 내야 합니다), 만약 채무가 있는 사람이거나 분쟁의 소지가 있는 사람들에게 재산을 옮기려면 Irrevocable Living Trust가 좋습니다. 리빙 트러스트는 불의 상태를 대비하여 나의 자산을 상속자에게 가장 효율적으로 전달할 수 있는 제도이며, 상속 과정에서 이해당사자들의 문제 제기 등 여러 골치 아픈 문제를 피할 수 있는 장점이 있습니다.

여러 주에 다수의 자산을 가지고 계신 분들은 그 자산들을 하나의 리빙 트러스트로 묶어서 한 주에서만 상속 행정을 진행 할 수 있습니다.

리빙트러스트 설립은 비용이 비교적 저렴하고 별도의 세무 신고가 필요 없습니다. 내가 직접 자산을 소유 운영하는것과 리빙트러스트를 통해 운영하는 것과는 실질적으로 체감하는 차이가 전혀 없으므로, 부담 갖지 마시고 준비해 놓으시기를 권해드립니다.

▣ 리빙 트러스트가 반드시 필요하신 분

❶ 총자산이 15만 불 이상 이신 분(여기서 부동산 자산가치는 모기지를 포함한 시세 가격).

❷ 사후 재산 분배를 보통의 상속권 비율과 다르게 본인이 원하는 비율로 상속하고 싶은 분.

❸ 장애가 있는 자녀를 위해 특별한 신탁을 마련해놓고 싶은 분(Supplemental Needs Trust).

❹ 재혼하여서 전 처의 자녀들과 현 배우자 간에 재산 분배를 둘러싸고 갈등이 예상되는 분.

❺ 본인의 사후 누군가가 유언장의 진위에 대해 논란을 일으킬 소지에 염려가 있는 분(사기나 협박으로 유언장을 작성하였다고 주장하거나 위조 서명, 의식 불명 상태에서의 공증 서류 등으로 논란이 예상되는 경우).

❻ 미성년 자녀가 있는 분(자녀가 성인이 될 때까지 대리인을 정함).

❼ 미국 내 여러 주에 걸쳐 자산을 가지고 계신 분/ 채무가 있으신 분.

▣ 리빙 트러스트 작성 절차

❶ 자산 리스트의 Net value 검토(부동산의 Fair Market Value, Saving account, CD, Stock, Life Insurance, Corporation value등)

❷ 유고 시 누구에게 물려줄 것인가를 결정(First, Second Beneficiary)

❸ 일의 집행을 맡아서 할 Trustee(관리인) 설정

❹ 재산, 건강에 관한 최종 유언장의 내용을 결정

❺ 신탁 관리인(Trustee)과 수혜인(Beneficially)의 이름을 명시한 신탁 서류 작성

❻ 공증인 앞에서 신탁 서류에 서명. 공증인이 공증을 하고 두 사람의 증인(witness)가 서명.

❼ 리빙 트러스트에 포함시킬 자산의 소유권을 신탁으로 옮김.

▣ 리빙 트러스트 Q&A

Q. 01 유언장과 리빙 트러스트 각각의 역할은 무엇입니까?

유언장만 있으면 내 자산의 상속이 가능하다고 생각하시는 분이 계십니다. 그러나 유언장에 재산분할을 명시하였다 하더라도, 추가 비용 없이 신속하게 이뤄지기 위해서는 리빙 트러스트를 만들어야 합니다. 리빙 트러스트에 포함하지 못한 상속에 관한 다른 내용은 유언장에 넣습니다. 여기에는 상속재산분할 %, 상속재산분할 집행인, 의료 행위 위임장, 재정관련 위임장, 장례 계획 등이 포함됩니다.

유언장과 리빙 트러스트 둘 다 있어야 상속 준비의 완전체(유언장, 리빙트러스트, 건강에 관한 위임장(health care power of attorney), 재정 관련 위임장(durable power of attorney))**가 됩니다.**

Q. 02 신탁 관리자(Trustee)는 누가 될 수 있나요?

본인이나 부부(Family Trust), 대리인(Executor), 재산분할 집행인 등이 될 수 있습니다.

문서를 공증할 때 필요한 증인(Witness)의 자격과 임무는 무엇인가요?

유언장과 리빙 트러스트의 beneficiary에 없는 제3자가 증인의 자격이 있습니다. 미성년자는 증인의 자격이 없습니다. 증인은 보증 인이 아니므로 어떠한 법적 책임이 없습니다. 자필 서명인지를 확인 하는 역할만 있습니다.

상속 전문가 김병오선생님과 함께 한 미국재정가이드의 유튜브방송 대담 내용을 중심으로 만들었습니다.https://youtu.be/4r8d7IiXznM

3 상속세(Estate Tax)

최근 한국에서는 유명 재벌가의 상속 세금 액수가 화제가 되고 있는데, 한 사람의 상속 세액 (12조 원)이 국세청 1년 총 징수액보다 훨씬 많다고 합니다. 이제 한국의 상속 세율도 미국과 비교해서 뒤지지 않을 만큼 높아졌습니다. 미국 상속세는 비단 소수의 고 소득자에게만 국한된 것이 아니라 중산층 이상 가정에게는 밀접하게 연관되어 있기 때문에 잘 살펴볼 필요가 있습니다. 이번 챕터는 본인이 사망하였을 때 상속 준비 유무에 따라 내 자산에서 얼마만큼의 비용(상속세)을 지불하고 가족에게 전달되는지에 대해 알아보겠습니다.

▣ 상속 규정

미국은 유언장에 언급된 사람들에게 자산이 상속되지만, 유언장이 없으면 주 별 규정에 따라 자산이 상속됩니다. 캘리포니아 주 규정을 예로 들어보겠습니다.

❶ **Community property**(부부공동재산)
생존 배우자에게 우선 상속

❷ **Separate property**(별도 자산) : n=자녀 숫자

자녀 있으면	1/(n+1)배우자, 1/(n+1) 자녀들
자녀 없으면	1/2 배우자, 1/2 부모님 or 형제
배우자 없으면	자녀에게 동등하게 혹은 부모님에게

지난 챕터에 유언 검증 절차를 거치게 되면 고인의 자산이 신속하게 상속될 수 없다고 설명했는데, 유언 검증 절차를 거치지 않는 자산(Non-Probate Assets)들을 미리부터 만들어 놓으면 유가족에게 부담을 덜어 줄 것입니다. 특히 본인 은행 계좌 마다 반드시 상속인(Beneficiary)을 지정해 두는 것을 잊지 말아 주세요.

- **Non-Probate Assets**
  1. (Living) Trust의 재산
  2. 생명보험(Life Insurance)과 개인연금(Annuity)
  3. 은퇴연금구좌(Retirement accounts)
     : Pension, IRA, Roth-IRA, 401(k)
  4. Beneficiary가 명시된 은행 구좌 : POD account
  5. Joint tenancy with right of survivorship

◪ 연방 상속세와 주 상속세

미국은 상속 자산 총액이 일정액을 초과하게 되면 상속세를 9개월 이내에 납부해야 합니다. 상속세는 연방정부에 내는 Federal Estate Tax 와 주정부에 내는 Estate and/or Inheritance Tax가 있습니다. 자산 총액이 연방 상속세 면제액(Federal Estate Tax Exemption amount)이상이면 초과금액의 40%를 연방상속세로 냅니다. 부부 사이의 상속은 상속세가 적용되지 않지만, 배우자가 외국에 거주하거나 시민권/영주권자 아니면 상속세를 납부해야 합니다. 자녀에게 양도한 집에 거주하면 그 집은 본인의 상속 자산 총액에 포함된다는 점 기억해 주기 바랍니다. 면제 액수는 아래 그림과 같이 정부 정책에 따라 많이 달라졌습니다. 과거 트럼프 정부 때는 면제 상한 액이 $12M정도까지 올라갔는데 현 바이든 정부는 이것을 예전 금액 $6M이하로 낮출 것(2017년 이전 액수로 회복)으로 예상되어 연방상속세의 부담이 향 후 더욱 커질 것으로 예상됩니다.

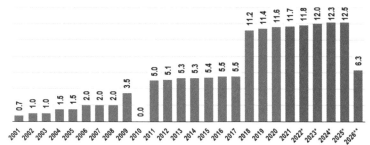

한편 주정부 상속 세율은 [그림 2]와 같이 주 별로 차이가 있습니다. 특별히 주정부 상속세가 부과되는 주에 거주하는 분은 유의하기 바랍니다. 주정부 상속세율도 연방 상속세율과 비슷하게 연동되고, 과거 트럼프 정부의 유산인 지나치게 완화된 상속세 정책보다는 예전 정책으로 복구하려는 현 정부 정책에 맞게 준비하는 것이 더 현실적이라는 판단으로 2015년도 자료를 보여드립니다.

이와 같이 상속세에 대한 부담은 점점 커지고 있기때문에 Estate Tax Planning에 대한 필요성은 점점 커지고 있습니다.

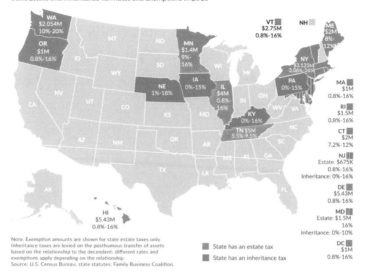

Does Your State Have an Estate or Inheritance Tax?

State Estate and Inheritance Tax Rates and Exemptions in 2015

출처: taxfoundation.org

⬛ 상속세를 줄이는 방법

❶ 회계사와 함께 상속 관련 세금들(Estate Tax, Gift Tax, Generation Skipping Tax)을 줄이는 작업

❷ 변호사(Lawyer)와 함께 여러 종류의 Trust(ex, Family Trust, Irrevocable Life Insurance Trust, Charitable Trust)와 Entitles(LLC, foundation)를 만들어서 생전의 자산을 보호하고 양도세와 상속 세금을 절감하는 작업

리빙트러스트는 유언검증비용을 없애 주는 제도이지 상속세 납부와는 무관하다는 점 꼭 기억하시기 바랍니다.

◲ 상속세 납부를 위한 준비 방법

고인의 상속자산액을 산출할 때 해외 자산도 포함하며 증여세 까지도 포함합니다. 상속세를 내야 한다면, 많은 양의 상속세를 9개월 이내에 납부해야 하므로 상속세 납부를 위한 금융자산 준비도 매우 필요합니다. 만약 납부 기한을 넘기게 되면 페널티와 미납 상속세에 복리 이자 페널티까지 발생합니다.

일반적인 방법은 아래와 같습니다.

❶ 모아둔 Cash, Liquidate Assets에서 상속세를 납부한다.

❷ Payment Installment(IRC section 6616)를 이용하여 상속세를 12회까지 분납한다.

❷ Life Insurance의 Death Benefit을 이용하여 상속세를 납부한다.

고인의 은퇴 구좌(401(k) or IRA)돈으로 상속세를 납부하려면, 그동안 연기해 놨던 세금을 먼저 완납하고, 남은 돈으로 상속세를 납부해야 하는 단점이 있으므로, 세금 납부가 필요 없는 생명보험 자산이 훨씬 유리합니다.

◲ 발달 장애 자녀를 둔 가족의 상속 계획

발달장애 자녀를 둔 가족은 부모님 사 후에 형제, 가까운 친척, 아니면 위임을 받은 사람이 그 자녀를 평생 돌봐 주어야 하므로 그들의 부담을 덜어주기위해 상속 계획을 한가지 더 만들어야 합니다. 발달장애 자녀는 18세가 되어 법적 성인이 되어도, 또한 부모와 같이 살고 있더라도 생활 보조금 SSI(Supplemental Security Income)과 정부 의료보험 혜택인 Medicaid를 계속 받을 수 있습니다. 그러나 본인의 이름으로 부모님 상속 자산이 생기게 되면 이러한 혜택을 계속 받을 수 없으므로 별도의 방법이 필요합니다.

장애 자녀에게 남길 재산을 Supplemental Needs Trust라는 곳에 옮겨 놓습니다. Trust에 남긴 자산은 상속세 대상이 되지 않습니다. 그리고 자녀 자산으로 인정받지 않기 때문에 사회보장제도 혜택은 계속 누릴 수 있고 Trust의 자산을 본인 사 후 자녀의 생활비로 사용할 수 있습니다. Supplemental Need Trust에 들어가는 자산으로는 부모가 지정한 특정 재산과 Irrevocable Life Insurance Trust(ILIT) 등이 있습니다.

▣ Case Study

마지막으로 동부에 사는 중산층 가정(II)과 서부에 사는 상류층 가정(I)의 예를 들어 상속 계획 없이 사망하면 어떠한 일들이 벌어지는지 알아보겠습니다.

(1) Case Study(I)

한국의 IMF때 캘리포니아 주 산호세로 이주해서 엔지니어로 20년간 일하고 있다가 작년에 부인과 사별한 65세의 홍길동 씨가 계십니다. 그는 발달 장애 우 장남을 포함해 3명의 자녀가 있습니다. 성실하고 정직하게 살아온 홍길동 씨는 산호세에 위치한 시가 200만불의 주택, 200만불의 401(k) 자산, 회사에서 스톡 옵션으로 받은 주식 300만불, 그리고 50만불의 생명보험을 가지고 계십니다. 그가 만약 상속 준비가 안된 상태에 사망하게 되면 자녀들에게 어떠한 부담이 생길까요?

	주택	401(k)	주식	생명보험	자산총액	세금 액
자산 액	$2M ($1.5M 모기지)	$2M	$3M	$0.5 M	$7.5M	
유언 검증 자산	☆		☆		$5M	$0.4M
상속세 자산 (면제 상한액 $6M)	☆	☆	☆	☆	$7.5M	$0.6M
양도세/소득세 자산	☆	☆	☆			?

홍길동 씨의 총 자산은 750만불입니다. (1)리빙트러스트가 없으므로 유언 검증 받을 자산 총액은 생명보험과 은퇴 구좌를 제외한 500만불 입니다. 그러므로 유언검증비로 40만불 정도 소요되며 본인 자산이 자식에게 소유권이 넘어가는 시기는 약 2년 후가 될 것입니다. (2)홍길동 씨의 상속세 납부 기준 자산 총액은 750만불입니다. 그러므로 상속세 면제 상한 액인 600만불을 초과한 150만불

의 40%인 60만불을 상속세로 납부해야 합니다. (3)홍길동 씨의 자산 중 주택과 주식은 양도세(Capital Gain Tax)대상이며 401(k)는 소득세를 납부해야 하는 자산입니다. (4) 마지막으로 홍길동씨가 아무런 준비없이 사망하면 장애 우인 장남에게도 자산이 상속되어 그동안 받고있던 사회보장 혜택들이 없어지게 될 것입니다.

유가족이 한 일

❶ 자녀들은 우선 150만불이 남아있는 모기지 잔액을 아버지의 생명보험금(50만 불)과 401(k)구좌(200만 불)를 이용해서 상환했습니다. 그리고 유언검증비용 40만 불도 아버지의401(k)구좌로 지불하기를 원합니다. 그러나 401(k)는 아버지가 미뤄두었던 소득세를 내야 하므로 아마도 부족할 것 같습니다.

❷ 홍길동 씨의 상속세는 총 60만 불입니다. 그러나 홍길동 씨 가족은 고인의 주식계좌에서 상속세를 지불해야 하는데, 유언 검증 절차가 끝나는 2년 후까지 기다려야 하는 상황이 되어 버렸습니다.

❸ 홍길동 씨 자녀는 주택과 주식의 양도세(Capital gain tax)를 내야 합니다.

❹ 두 자녀는 장애 우 형님의 부양 책임까지 생기게 되었습니다. 부모님이 상속 계획을 하지 않았으므로 장애 우 형님에게도 재산이 생기게 되어 형님이 현재 받고 있는 SSI와 Medicaid 혜택도 끊기게 되었습니다.

만약에 홍길동씨가 생전에 Living Trust, Dynasty Trust, 그

리고 장남을 위한 ILIT를 만들어 놓으셨다면, 두 자녀들은 유언 검증 비 40만불 면제와 상속세 60만불을 절약하고, 생명보험금과 Family Trust로 모기지를 완납하고 양도세/소득세도 대폭 절약하고, ILIT로 형님 부양 부담을 덜게 되었을 것입니다.

(2) Case Study (II)

김철수 씨는 30년 전 미국 메릴랜드 주로 이민을 와서 연방정부 소속 연구 단체에서 연구원으로 일하다가 올해 은퇴(67세) 하였습니다. 그는 현재 본인 명의 집(80만 불)에서 아내와 함께 살고 있으며 두 자녀는 현재 독립해서 따로 살고 있습니다. 120만 불의 401(k) 자산과 아내 명의로 100만 불 상가건물을 소지하고 있습니다. 김 씨 부부가 만약 상속 준비가 안된 상태에 사망하게 되면 자녀들에게 어떠한 부담이 생길까요?

유가족이 한 일

❶ 김 씨 부부의 유언 검증 자산 액은 180만 불이고 상속세 대상 자산 액은 300만 불입니다. 그러므로 유언 검증비로는 14.4만 불을 내야 합니다.

❷ 김 씨 부부의 자산규모로는 연방 상속세는 면제이지만 메릴랜드 주 주 상속세 대상이 됩니다. 주 상속세는 계산이 조금 복잡하지만 [그림 3]으로 가정하면 주 상속세 면제 상한의 초과액 150만불의 16%(약24만 불)를 주 상속세 로 내야 합니다.

❸ 그리고 401(k)은 소득세 납부 대상이고 주택과 상가건물은 양도소

득세 대상입니다. 그러므로 두 자산의 양도소득세 납부도 두 자녀의 몫입니다.

그러나 만약에 김철수 씨 부부가 생전에 Living Trust를 만들어 놓으셨다면 14.4만불의 유언 검증비를 절약하실 수 있었고, 생전에 Life Insurance를 만들어 놓으셨다면 주 상속세, 건물과 401(k)의 소득세와 남은 모기지를 갚는데 유용하게 사용하실 수 있었을 것입니다.

내 가족에 대해 책임을 지려는 마음 자세만 있다면 상속법에 대해 공부를 한 후, 내 상황에 맞는 상속 계획을 세우는 것은 그다지 어렵지 않습니다.

4 미국 상속법 vs. 한국 상속법

지금까지 미국 상속 제도와 상속세에 대해서 알아보았습니다. 이번엔 미주 한인들로부터 상속에 대해 많이 듣는 질문을 8가지로 추려서 설명 드리겠습니다. 특히 미주한인들은 대부분 한국에 직계가족이 계시므로 한국상속법에 대해서도 필요한 사항은 꼭 알고 계셔야 합니다. 그래서 이것을 마지막 2개의 질문으로 정리해 보았습니다.

▣ 미국 상속법 Q&A

Q.
01
상속과 증여의 차이점은 무엇입니까?

본인 자산을 자녀나 친지에게 양도하는 방법으로는 상속(Estate)과 증여(Gift)가 있습니다. 자산 이전이 사망 전에 이뤄지는 것은 증여이고 사망 후 이뤄지는 것은 상속입니다.

증여세 면제 한도액은 1인당 일년에 $15,000입니다. 그러므로 본인의 자산을 상속권이 있는 사람들에게 미리부터 매년 면세 한도액만큼 증여 하는 것도 매우 중요한 상속 계획 중 하나입니다. 그러나 연간 무료 증여 한도를 넘어서는 증여에 대해서는 납부할 세금이 발생하지 않더라도 소득세 보고 와 별도로 반드시 증여세 보고를 하여 평생에 걸쳐 관리해 나가야 합니다. 왜냐하면 본인 사망 후 상속세액을 계산할 때 평생 증여세 보고한 것들을 다시 한번 체크하기 때문입니다.

Q. 02 사망 시 고인의 빚은 자동으로 다 탕감이 됩니까?

그렇지 않습니다. 고인이 남긴 빚은 고인이 남긴 재산에서 변제됩니다. 부부 공동 재산의 빚은 부부 공동 책임입니다. 만약 자녀가 부모 보증을 섰다면 빚이 자녀에게 이양 됩니다. 상속 집행인이 고인의 자산을 리스트 업 한 뒤, 빚을 변제 우선순위(보통 세금, 모기지가 최우선)로 차례로 처리해 가는데, 고인의 자산으로 빚을 변제하기에 모자라면, 남은 빚은 탕감이 될 수도 있습니다. 이러한 절차는 상속권 있는 자녀가 부모의 자산을 받아 빚을 갚는 한국과 다른 점 입니다. 캘리포니아에서는 채권자가 고인(채무자)으로부터 받아야 할 빚이 있다면 채무자에게 변제 권리 요청(creditor's claim)을 할 수 있습니다.

Q. 03 이혼을 하면 기존의 리빙 트러스트와 유언장은 어떻게 되나요?

이혼 판결문이 우선 되어 판결문 대로 재산이 분할됩니다. 결혼 전 마련한 개인 재산은 분할 대상이 아니고 결혼 후 부부 공동재산은 절반씩 나누게 됩니다. 그 다음에 리빙 트러스트와 유언장을 수정합니다. 리빙 트러스트의 일반적인 형태인 Revocable Living Trust는 신탁을 해체하거나 내용을 수정 할 수 있습니다. 이혼한 배우자는 더 이상 전 배우자의 자산에 관한 상속권을 주장할 수 없습니다.

Q. 04
자녀가 한국에 있으면 상속세를 더 내나요?

상속받는 자녀의 국적 여부보다 상속을 해 주는 부모의 국적에 따라 다릅니다. 부모가 영주권자이거나 시민권자이면 현행 상속법에 의거해 자녀의 거주지와 국적과 상관없이 똑같이 상속세를 냅니다. 그리고 미국 안에 있는 재산뿐 아니라 해외자산들도 미국 상속세 과세 대상이 됩니다.

Q. 05
고인이 비영주권자이면 상속세가 어떻게 되나요?

상속 세금을 많이 냅니다. 왜냐하면 상속세 면제 액이 6만 달러로 많이 떨어지기 때문입니다. 그러나 미국에 소유한 재산에 대해서만 상속세 과세 대상이 됩니다. 고인의 국적이 중요하듯이, 배우자가 상속을 받을 때도 배우자의 국적이 매우 중요합니다. 예를 들어 시민권자/영주권자가 사망할 때 상속받는 배우자가 시민권자이면 상속세가 부과되지 않습니다. 그러나 배우자가 영주권자 혹은 비영주권자이면 상속세 면제 액 초과 분에 대해선 상속세를 납부하게 되어 있습니다. 그러므로 상속세를 많이 낼 것으로 예상이 되는 배우자는 미국시민권을 취득하는 것이 유리합니다.

유산

Q. 06 자선단체에 재산을 남기고 싶을 때 어떤 방법이 있나요?

아래 방법들을 주로 사용하는데 이 방법들은 세금감면 혜택이 있는 특징이 있습니다. 상속 전문 변호사와 함께 각 방법의 장단점을 상담하시면서 결정하시기 바랍니다.

❶ 자산의 일정 %나 정해진 금액, 아니면 특정 자산을 자선단체(Non-Profit Organization)가 상속받게 하는 방법

❷ 자선 신탁(Charitable Trust) 혹은 사단법인(Private Foundation)을 설립하여 운영하는 방법
  - 양도소득세와 개인소득세 동시 감면 혜택을 받을 수 있는 장점이 있습니다.

▣ 한국 상속법 Q&A

Q. 01 한국에 계신 부모님이 돌아가셨을 때 미국에 거주하는 자녀는 어떻게 부모님 재산을 상속받나요?

한국에서 작성된 **상속재산 분할협의서**를 미국으로 가지고 와서 본인의 동일인 증명서 (영문 이름 확인, 성이 바뀐 경우 별도 확인) 발급받고, 위임장, 거주 증명서, 서명 인증서 등의 서류를 작성하여 공증 하고 주정부의 **아포스티유**(Apostille)를 받아서 한국에 송부해서 상속 처리를 합니다. 아포스티유는 공증인이 카운티와 주정부에 등록된 사람인

지, 서명이 같은지를 주정부 공무원이 검증하는 절차입니다. 아포스티유가 되어있지 않은 미국 서류는 한국에서 인정/처리하지 않습니다. 한국에 살고있는 가족보다 상속처리절차가 좀 더 복잡하고 시간이 많이 걸릴 뿐, 상속받는 액수의 차별은 없습니다. 한국에서 받은 상속 금을 미국에 가지고 오려면 관할 세무서에 세무 신고는 해야 하지만 미국에서는 따로 세금이 부과되지는 않습니다.

Q.
02
한국의 상속권이 있는 미주 교포가 알아야 하는 한국 상속 법은 무엇이 있을까요?

한국은 아직 유교 사회 전통 영향을 받아 가족 구성원의 지분이 우선시 되고, 미국은 철저히 계약을 중요시하는 문화 영향을 받아 유언장의 내용을 우선시 합니다.

❶ 미국은 유언장에 언급한 내용대로 집행합니다. 유언장이 없으면 각 주마다 정해진 룰에 의거해 상속을 집행합니다. 그에 반해 한국의 상속은 가정법에 나온 상속 비율로 상속이 이루어집니다. 만약에 특정 자산을 특정인에게 상속하려면 상속재산 분할협의서를 작성하여 상속권이 있는 모든 구성원으로부터 서명과 공증을 받도록 되어있습니다.

❷ 중앙정부가 운영하는 한국과 달리 미국상속법은 연방정부 법이 아니라 해당 주 법에 따라 운영됩니다.

❸ 피상속인(고인)의 재산에서 모든 세금과 채무를 처리하고 나서 나머

지를 상속인에게 전달하는 미국과는 달리, 한국은 상속인이 피상속인의 자산을 받아서 정리하도록 되어있습니다. 피상속인의 재산을 상속인이 정리할 때 할 수 있는 옵션은 (a)상속 (b)상속포기 (c)한정승인이 있습니다. 상속에는 재산 분만 아니라 피상속인의 채무도 변제를 해야하므로, 만약 피상속인이 상속재산보다 채무가 더 많을 경우에는 상속인이 사망을 인지한 후 3개월 이내에 가정법원에 (b) 상속포기 혹은 (c) 한정승인을 요청하여 피상속인의 채무변재의무에서 벗어날 수 있게 하는 제도가 있습니다. (b), (c)에 대해서 좀 더 자세히 알아봅니다.

(b) 상속포기	상속인의 지위를 포기하여서 재산과 채무의 상속을 받지 않습니다. 이것은 취소가 불가하다는 것을 꼭 아시기 바랍니다.
(c) 한정승인	피상속인의 재산상태와 채무 상태를 정확히 알지 못할 때 주로 사용하는 방법입니다. 이것은 상속재산승계를 하고, 채무는 상속재산 한도내에서만 책임을 지는 방법입니다.

지금까지 알아본 (b)-(c) 방법은 사망 전에 하는 것이 아니라 반드시 사망 후에 해야 효력이 발생한다는 점을 꼭 기억하십시오.

❹ 한국의 상속재산 정리 방법은 다음의 세가지가 있습니다.

1. 부동산 등기부 확인
2. 차량 등록 원부 확인
3. 안심 상속 원스톱서비스

미국에 거주하는 분이 돌아가신 부모님의 최근 10년간의 모든 금융기록을 찾아서 세무사와 함께 상속세 신고 작업을 하는 것이 결코 수월 하지 않습니다. 한국은 전산망이 잘 갖추어져 있어서 3. 안심 상속 원스톱 서비스를 잘 사용하시면 일이 좀더 수월해 져서 많은 도움을 받을 수 있습니다.

⑧
장례 제도

1 우리가 알아야 하는 미국 장례 과정

미국이 지금의 장례 제도 틀을 잡은 계기는 19세기 중반 남북전쟁(American Civil War) 시절이었습니다. 이 전까지는 집에서 가족장으로 장례를 치렀다고 합니다. 그 시절 전장에서 죽은 병사를 고향으로 보내기 위해 시체를 방부처리(Embalming)하기 시작했던 것입니다. 전쟁 직 후 링컨대통령이 암살되자 그를 애도하는 북부사람들에게 방부 처리된 모습을 보여주었는데, 이 일을 계기로 Funeral Home에서 방부 처리된 고인을 보면서 추모하는 의식(viewing)이 미국인에게 보편적인 장례식으로 자리잡기 시작했습니다. 20세기로 넘어오면서 교통의 발달로 많은 사람들이 장례식에 참석 할 수 있게 되었고 공원묘지(Memorial Park, Cemetery)에 시신을 안치하는 것이 보편화되면서 Funeral Industry는 비약적으로 발전하여 오늘날의 모습을 갖추게 되었습니다. 미국은 2021년 현재 2만 개 가량의 Funeral Home이 있고 모든 장례절차를 Funeral Home에서 진행합니다. Funeral Home 이 없는 한국과 많이 다르므로 미주 한인들에게 꽤나 생소하여 적절한 준비를 잘 못하는 것 같습니다. 지금부터 미국에 사는 사람들이 꼭 알아야하는 미국 장례 제도에 대해 설명 드리고, 장례 비용은 어느정도 들고 어떻게 준비하는지에 대해서 설명하겠습니다.

▣ 장례 과정에서 가장 중요한 세 개의 장소

미국은 병원(Hospital)에 영안실(Mortuary)이 없습니다. 그러므로 사람이 사망하면 바로 영안실이 있는 Funeral Home으로 시신을 옮겨야 합니다. 유족들은 Funeral Home에 연락하여 시신을 옮긴 후 장례 일정을 협의하고 장례를 치릅니다. 시신을 병원으로부터 옮겨와서 공원묘지(Cemetery)에 옮길 때까지 장례 관련된 모든 일을 Funeral Home에서 처리합니다. 미국 장례를 1. Hospital, 2. Funeral Home, 3. Cemetery로 나누어 좀 더 자세히 설명합니다.

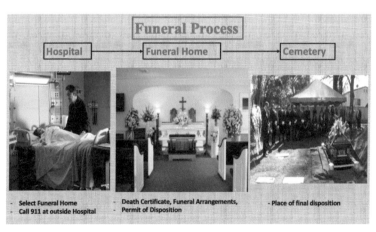

(1) Hospital

❶ 병원에서 운명한 경우

유가족이 지정한 Funeral Home의 영안실로 옮깁니다. 병원은 유가족에게 시신을 24시간 안에 Funeral Home으로 옮기도록 권고합니다.

❷ 병원이 아닌 곳에서 운명한 경우

911에 신고하여 사망 원인을 밝히는 절차를 거칩니다. 경찰이 질병으로 인한 사망이 아니라고 판단하면 해당 지역 부검소(County Coroner's Office)로 시신을 옮겨서 사인을 밝힌 후, 유가족이 지정한 Funeral Home의 영안실로 옮깁니다.

(2) Funeral Home

❶ 유족들은 시신이 옮겨진 Funeral Home에 방문합니다.

- Funeral Home에서는 방문한 유가족이 장례 치를 자격이 있는 사람인지를 먼저 확인합니다. 그리고 고인의 유언장이 있는지 확인 합니다.

- 유가족이 Funeral Home에 방문해서 제일 먼저 하는 일은 Death Certificate 작성(필요한 개인 정보: 이름, 생년월일, 소셜 번호, 운전면허증 번호, 가족 사항 등)입니다.

❷ Funeral arrangement(매장/화장 결정, 장례식 준비, 장례 용품 구입(관(Casket), 유골함(Urn), 조화), 공원묘지에 안치할 일정 조정)를 합니다.

❸ Permit of Disposition(장례 후 시신이 거할 장소를 명시함)을 발행하고 시신을 그 곳으로 보냅니다.

- 미국은 한국과 달리 시신을 깨끗하게 생전의 모습으로 복원하여 가족 친지들에게 보이는(Viewing) 문화가 있습니다. 이를 위해서 시신을 방부처리(Embalming)하여 실온에서 오랫동안 보전하도록 합니다.

(3) Cemetery

❶ 매장 묘지(Burial Grave)
시신을 매장하는 장소. 미국은 다양한 민족이 생활하므로 다양한 장례 문화가 있고 이에 따른 다양한 형태의 매장 묘지가 있습니다.

❷ 납골당(Cremational Niches)
시신을 Crematory에서 처리한 후 유골(Ash)을 보관하는 장소. 실내 납골당, 실외 납골당 등 다양한 형태의 납골당이 있습니다.

❸ Scattering Ashes
화장한 유골은 납골당에 모시지 않고 지정된 장소에 뿌립니다.

❹ Memorial Monument(비석)
고인을 오랫동안 추모하기 위해 인적사항과 사진을 비석에 표기하여 설치합니다.

❺ Ashes(화장 재, 유골)**를 합법적으로 보전할 수 있는 4가지 방법**
1. 납골당
2. 지정된 장소에 scattering
3. 허가증 받아 집에 보관
4. 허가증 받아 본국으로 우송
이 외의 방법은 불법입니다.

▣ 유가족이 진행하는 장례 과정

장례를 치를 권한이 있는 유가족이 진행하는 일반적인 장례 과정을 시간 순서대로 정리해 봅니다. 이것을 잘 숙지하여서 주변에 상을 당한 친지에게 도움을 준다면 슬픔에 빠진 유가족들에게 큰 위로가 될 것입니다.

(1) 사망하였을 때

❶ 병원에서 사망선고를 받으면 시신 운구를 위한 Release Form to Funeral Home을 작성한다.

❷ 만약 병원 이외의 장소에서 사망하면 911에 신고하여 사망의 원인을 파악한다. 여기서 경찰이 사망원인이 질병이 아니라고 판단하면 시신을 해당지역 부검소로 옮겨서 사망원인을 밝힌다.

❸ 유가족이 정한 Funeral Home에 연락하여 시신을 옮긴다.

(2) Funeral Home에서

❶ 유가족은 Funeral Home에 방문하기 전, Death Certificate 작성과 장례식에 필요한 고인의 자료를 준비해야 하며 장례 일정을 위한 가족의 입장을 정한다.

❷ 유가족은 Funeral Home에 방문하여 먼저 Funeral Director와 함께 Death Certificate를 작성한다.

❸ Funeral Home에서 Funeral Arrangement(시신 운구, 시신 처리, 장례

유산

식장 사용료, 장례 용품 구입)에 대한 계약을 한다. 비용이 발생하니 지불할 돈을 준비한다.

❹ 유가족은 장례식 날짜와 장소가 정해지면 Funeral Home 종업원, 주위 친지 분들과 함께 장례식을 준비한다(고인 옷, 영정사진, 부고, 꽃, 장례식 행사준비).

❺ 장례식 거행

❻ Funeral Director, Cemetery(공원묘지) 담당자와 장례 일정을 협의하고 Permit for Disposition of Human remains을 작성한다.

(3) 공원묘지에서

❶ 유가족은 고인이 영면할 장소인 공원묘지(매장 묘지 or 납골당)를 미리 방문하여 위치를 확인하고 비용을 지불한다.

❷ 유가족은 입관 예식 날짜와 장소가 결정되면 Cemetery 담당자, 주위 친지 분들과 함께 입관 예식을 준비한다.

❸ 입관식 거행

(4) 장례식 후 일정

❶ 유가족은 발행된 Death Certificate를 가지고 고인 신변을 정리한다. 동시에 고인 유품을 정리한다.

❷ 해당 Probate Court에서 고인 자산에 대한 유언검증절차를 진행하는데 협조를 한다.

2 장례비용

병원이 개입되어 있는 한국과 달리 미국 장례 제도는 Funeral Home에서 모든 장례절차가 진행됩니다. 미국 병원은 장례에 대해 전혀 관여하지 않습니다. 장례 비용이 발생되는 곳은 장례가 진행되는 Funeral Home(장의사)과 시신을 안치하는 Cemetery(공원묘지) 입니다.

미국 장례제도에서 비용이 발생되는 두 곳의 서비스 내역은 아래와 같습니다. 여기서 묘지 비용 중 ❺ Endowment Care Fund라는 것이 다소 생소하게 느껴질 것 같은데요, 이는 주정부 장례를 담당하는 행정 부서에 들어가는 기금으로서 구입하신 묘지/납골당이 본인 소유임을 증명하는 자동차 Pink copy(Deed)와 비슷한 역할을 합니다. 이 비용을 근거로 미국에서 구입하신 묘지/납골당은 평생 본인의 소유로 인정받습니다.

(1) 장례비용 내역(Funeral Home)

❶ Funeral Home and Staff Services fee (기본료)
❷ Body Preparation (Refrigeration or Embalming) (시신 처리)
❸ Funeral (Memorial) Service (장례식)
❹ Transportation of Body (시신 운구)
❺ Funeral Merchandise (ex. Casket, Urn, Flower) (장례 용품)
❻ Catering (음식)

유산

(2) 묘지 비용 내역(Cemetery)

❶ Graves or Niches (묘지 납골당)
❷ Outer Burial Container (겉관)
❸ Memorial Monument (비석)
❹ Open & Close fee (입관)
❺ Endowment Care Fund

준비 없이 갑자기 상을 당하게 되면 많이 당황하고 장례비용을 과도하게 지불할 가능성이 높습니다. 그러나 미리 준비하면 많은 할인 혜택과 동시에 사랑하는 가족의 부담을 덜어줍니다.

미주 한인들은 묘지 준비 보다 장례비용 준비는 간과하는 경향이 있습니다. 공원묘지의 묘지/납골당을 미리 구입하여서 얻을 수 있는 혜택과 마찬가지로 Funeral Home의 장례비용도 미리 구입하여서 같은 혜택을 누릴 수 있습니다. 적지 않은 장례 비용이 발생하므로 미국에서는 미리 준비하시는 것이 일반적이고 다음과 같은 금융 방법이 있습니다.

❶ Life Insurance, Final Expense Insurance, Pre-Paid Funeral Insurance.

❷ 은행의 POD(Payment on Death) Account 개설
  : 기존의 은행 계좌에 Beneficiary를 지정하거나 별도로 만듬.

❸ Third Party Trust Account만듬

▣ 장례 비용의 실례

A씨 가족(매장)과 B씨 가족(화장)의 장례비용

	매장 (Burial)	화장 (Cremation)
기본료	$2,400	$430
시신처리	$1,390 (Embalming Fee 포함)	$1,170 (Crematory Fee 포함)
장례식	$695	$695
시신이동	$1,220	$920
장례용품	$2,095 (Casket 포함)	$1,085 (Urn 포함)
총액	$7,800	$4,300

장례 방법은 시신 처리 방법에 따라 크게 매장(Burial)과 화장(Cremation)으로 나눕니다. 시신을 방부 처리한 후 관(Casket)에 넣어 공원묘지에 보관하는 것을 매장이라고 하고, 시신을 Crematory에서 유골(Ash)로 만들어서 유골함(Urn)에 보관하는 것을 화장이라고 합니다.

장례 비용은 본인이 어떠한 서비스, 장례 용품, 그리고 Property(묘지/납골당)를 선택하느냐에 따라 차이가 많이 납니다. 북 가주 지역에 살고 계신 매장을 선택하신 A씨 가족과 화장을 선택하신 B 씨 가족의 예를 들어 장례비용을 비교해 보겠습니다. 여기서 Embalming 이란 것은 시신을 실온에서 오랫동안 보전하기 위해 방부처리하고 생전의 모습으로 복원하는 작업입니다. 한국에서는 시신을 깨끗이 닦고 소독하는 정도로 그치지만 미국은 시신을 가족과 친지들에게 보여주는 문화(Viewing)가 있으므로 생전의 건강한 모습으로 최대한 복원하는 일을 포함하여 많은 작업들이 포함되어 있습니다. [그림 1]에 나와 있듯이, 일반적으로 화장 방법보다는 매장 방법이 장례 비용이 더 듭니다.

A씨 가족(매장)과 B씨 가족(화장)의 공원묘지 비용

	매장지 (Grave)	납골당 (Niche)
묘지	$17,000	$8,000
겉관	$2,500	X
비석	$3,800	$1,200
입관 (Open & Close Fee)	$1,755	$1,095
Endowment Care Fund	$162	$81
총액	$25,217	$10,376

공원묘지 비용도 매장(Burial) 방법이 화장(Cremation) 방법보다 비용이 더 든다고 볼 수 있으며, 묘지 가격은 도회지 지역이 시골지역보다 더 비싸다고 볼 수 있습니다(부동산 가격과 유사한 형태를 가집니다). 여기서 겉관(Outer Burial Container or Vault)은 시신이 들어있는 관(Casket)을 땅밑 수분으로부터 오랫동안 보호하기 위한 Protector 역할을 합니다.

3 장례 후 해야 할 일

장례식을 마쳤다고 모든 장례가 끝난 것이 아닙니다. 유가족에게 아직 많은 일이 남아 있습니다.

❏ 사후 정리 리스트

유가족 혹은 사후 정리를 위임 받은 사람이 해당지역County의 Health Department에서 발급된 사망 증명서 (Death Certificate)를 받게 되면 아래의 기관들을 방문/연락하셔서 고인의 신변을 정리합니다.

1. Probate court to probate a person's financial affairs and the Will (유산/유언 검증)
2. Estate office to complete estate settlement procedures (상속)
3. Insurance companies to claim or modify life, property, auto, mortgage contracts or annuities (각종 보험회사)
4. Land title office to transfer real estate (부동산)
5. Motor vehicles office (DMV) to transfer vehicles(자동차)
6. Brokerage offices to transfer, redeem or liquidate investments and securities (투자 기관)
7. Financial institutions to transfer or liquidate accounts, bonds, safe deposit boxes, etc.(은행)
8. Credit Card companies to cancel credit cards and claim benefits (신용카드)
9. Credit bureaus to file notice of death (개인신용 정보기관)

10. Social Security Administration to claim benefits and cancel SSN (사회보장연금)

11. IRS to file terminal tax returns (세금)

12. Passport office to return and cancel passport (여권)

13. State/private health care office to cancel coverage (건강보험)

14. Pension providers to claim final benefits (연금)

15. U.S. Post Office to forward mail (우체국)

16. Membership, subscription, or service providers to cancel service (소속 단체)

17. Deceased's employer to claim benefits and final entitlements (직장)

18. Veterans Affairs/Administration to issue benefits (군인)

19. 그리고 마지막으로 고인의 유품 정리(Heritage Consolidate)를 합니다.

여러분 혹시 주변에서 **Estate Sale** 한다는 광고를 본 적이 있으신 가요? 이것은 고인의 유품정리하는 과정 중 하나라고 보면 됩니다. 고가의 물건이 나오면 이 과정은 유언 검증(Probate) 과정 중 하나가 될 수 있습니다.

❑ 유언 검증 비용(Probate Fee)과 상속세(Estate tax)

위 그림의 (1), (2) 항목은 상속에 관련된 사항이고, 고인이 미리 깔끔하게 마무리를 하지 못했으면 긴 시간과 많은 경비가 소요되므로 유가족에게 엄청나게 부담이 될 것입니다.

캘리포니아 주는 고인의 상속 자산(동산, 부동산, 귀중품 등등)이 총 15만 불 이상인 경우 유언 검증 비용 (Probate Cost)이 발생하기 때문에 Non-Probate Transfer 방법의 유산상속 계획을 세워야 합니다. 이 방법을 사용하면 고인의 자산이 유언 검증 과정 없이 바로 원하는 유가족에게 전달됩니다.

은행에 있는 자산은 POD(Payable on Death) Account로 만들어 놓으시고, 가능한 한 은퇴연금, 생명보험 등 Non-Probate Assets에 옮겨 놓으시기 바랍니다. 부동산을 포함한 모든 상속 자산은 Revocable Living Trust에 포함시키기를 권합니다. 법적 효력 있는 유언장(Will)을 미리 작성하셔서 가족 구성원 간에 분쟁 가능성을 최소화 하십시오.

유산 상속 총액이 상속세 면제 한도액을 넘게 되면 넘은 액수에 정해진 세율(40%)만큼 상속세를 내야 합니다. 상속세 (Federal Estate Tax) 면제 한도액이 2022년($12M)엔 매우 커 보이기는 하나, 한도액은 매년 바뀌므로 유념하시기 바랍니다. 특히 민주당이 집권당이 될 때는 면제 한도액을 많이 낮추어 상속세에 대한 부담이 커지는 경향이 있습니다. 또한 주 상속세 (State Estate Tax)가 추가로 존재하는 주도 있으니 본인 거주 State가 이에 해당하는지 확인하시기 바랍니다. 자세한 내용은 상속세 편(7-3)을 참고 해 주시기 바랍니다.

유산

▣ 기록과 보관의 중요성

장례에 관련된 사항을 기록으로 남기고 보관 장소를 위임한 사람에게 명확히 하시면 좀 더 확실한 장례 준비가 됩니다.

나와 나의 가족을 위한 소중한 기록(Pre-Planning Guide)

Chapter 8-3
그림 1

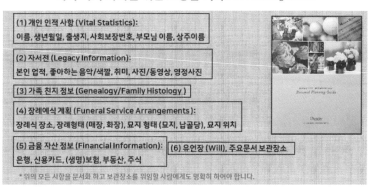

예를 들어, 미국 장례회사에서 발행하는 "Pre-Planning Guide"이라는 책을 이용해 위 그림과 같은 관련 기록을 미리 해 두면, 상 당할 때 당황하지 않고 장례식과 사후 정리 일을 본인이 원하는 대로 아주 수월하게 진행 할 수 있습니다.

장례식에 참석하면 고인의 인생이 어떠했는지 짐작이 갑니다. 또한 미국에서 유가족이 장례를 치르는 과정은 매우 힘듭니다. 본인의 마지막 행사를 소중하게 생각하여 깔끔하게 준비해 놓는 것은 유가족과 친지를 위한 최고의 선물입니다.

4 장례 Q&A

미국 장례에 대해 현장에서 많이 듣는 질문들을 모아서 Q&A 형식으로 정리하였습니다.

Q.
01
공원묘지에 묻히고 20년 지나면 기존의 묘지를 헐고 다시 새로운 묘지로 교체된다는 말이 있는데 사실인가요? 그리고 한국처럼 묘지 구입 후 관리비를 따로내야 하나요?

캘리포니아 주 정부는 묘지를 허가없이 파헤치는 것은 중범 죄 (Felony Classes)로 처리합니다. 주 정부 관리 감독 받는 회사에서 운영하는 공원묘지들은 묘지가 영구 보전되며, 묘지 구입시 납부하는 Endowment care fund 로 관리되기 때문에 한국처럼 추후 관리비 명목으로 내는 비용은 없습니다.

Q.
02
저는 묘지를 구입했는데 왜 장례서비스도 미리 준비해야 하나요?

미국 장례제도에서 비용은 Cemetery와 Funeral Home에서 발생합니다. 공원묘지 구입은 본인의 장례 계획에 따라 선택하지 않을 수 있으나, Funeral Home 비용은 어느 누구도 선택의 여지없이 발생합니다. 본인의 형편과 기호에 맞게 선택한 장례서비스는 오늘의 가격으로 미리 준비할 수 있습니다. 언제 닥칠지 모르는 본인의 죽음을 대비한 준비는 남은 가족에 대한 배려입니다.

Q. 저는 시신 기증 할 예정이니까 장례 계획은 필요 없지 않나요?
03

미국은 의과대학 실험목적으로 시신 기증(Body Donation)을 본인의 장례계획으로 인정합니다. 의과대학에 직접 문의하시던지 신청을 대행 해 주는 곳을 찾아서 미리 등록하면 됩니다. 그러면 사망 후 지정된 의과대학으로 시신이 옮겨진 후 의학 연구용으로 사용되며 약 두 달 후에 화장 처리되어 유골이 유가족으로 돌아옵니다. 이 과정에서 장례 비용은 발생하지 않습니다. 등록할 때 가족의 동의가 반드시 필요하고, 사망 후 지정된 의과대학에 옮겨지는 것이 Guarantee가 되지 않는다는 점 기억하시기 바랍니다. 시신의 질병 여부나 당일의 병원 상태에 따라 해당 의과대학에서 거부할 수 있으니, Back-up용 장례 계획을 세우라는 권고 내용이 계약서에 명시되어 있습니다.

운전면허 갱신 때 물어보는 본인의 신체 내부 또는 외부 조직 중 일부분(눈, 신장, 간)을 필요한 환자에게 도네이션 하는 장기기증(Organ Donation)은 시신 기증과 다른 것으로 장례비용을 커버해 주지 않습니다.

Q. 04 한국은 상조회사에서 장례 서비스를 해주는데 미국은 어떤가요?

한국과 미국의 장례 시스템 차이

	한국	미국
영안실	병원	
장례식장	병원	
장례행정	병원	
장례용품	병원/상조회사	Funeral Home
장례지도사	병원/상조회사	
장지/납골당 상담	병원/상조회사	
장의차량 제공	병원/상조회사	

한국은 병원에서 꼭 하지 않아도 될 장례 서비스(장례 용품 판매, 장례 지도사/접객 도우미 지원, 장례 하객 운송 등)를 상조 회사가 영업을 하고 있고 (위 그림 참조), 이것을 미리 준비하는 금융 상품도 있습니다. 이에 반해 미국은 모든 장례절차를 Funeral Home에서 진행을 하므로 한국과 같은 상조 회사는 존재하지 않습니다. Funeral Home에서 모든 장례 서비스를 진행하고, 주 정부가 엄격하게 관리하고 Guarantee 해 주는 금융상품(Pre-Need Funeral Insurance)이 있습니다.

Q. 05 어떤 분은 화장 처리하는데 1,000불 밖에 들지 않았다고 하던데, 그런 곳은 장례 비용이 왜 이렇게 저렴합니까?

장례서비스를 아주 저렴하게 해 주는 곳이 있습니다. 그런 곳은 Funeral Home 자체 설비가 없고, 행정 사무실에서 통신기기를 이용하여 다른 곳의 화장 시설(Crematory)을 연결하여 Direct Cremation Service를 대행해 주는 영세한 업소 입니다. 서비스 가격이 저렴한 곳은 제공되는 서비스에 한계가 있기 마련입니다. 본인이 어떤 장례 서비스/묘지를 선택하느냐에 따라 장례 비용과 공원묘지 비용은 많이 달라집니다.

Q. 06
화장한 재를 집 앞 뜰에 뿌리고 싶은데 괜찮습니까?

화장한 재(Ash)는 캘리포니아 주 인 경우 다음의 네 가지 방법 중 하나를 선택해야 합니다.

❶ 공원묘지에 안치
❷ 인가 받은 장소에 뿌림(scattering)
❸ Permit을 받은 후 집에 보관
❹ 영사관의 Permit을 받은 후 본국으로 이송

이 외의 방법은 불법입니다.

Q. 07
시신(Body)/화장한 재(Ash)를 본국으로 옮기려면 어떻게 해야 하나요?

Death Certificate를 가지고 영사관에 가서 Permit을 받은 후,

❶ 시신

유가족이 직접 옮기지 못하시고 대행업체를 통해 옮길 수 있고 여기에는 많은 비용과 시간이 소요됩니다.

❷ 화장한 재

유가족이 유골함을 비행기로 직접 운반합니다.

Q. 08 **한국은 보통 3일장으로 장례가 빨리 진행하는데, 미국은 장례 진행이 너무 늦어서 불편합니다.**

맞습니다. 한국은 병원 부속 시설인 장례식장에서 장례를 매우 신속하게 진행하는데, 미국은 먼저 시신을 Funeral Home으로 이전한 후, Funeral director가 병원, 유가족, 관공서, 공원묘지 담당자들과 상호 일정을 조정해 가면서 진행하므로 아무래도 한국보다는 늦어지는 것 같습니다.

장례 진행에 대해 법적 권리가 있는 사람들의 합의가 늦어지게 되는 경우엔 장례 진행이 많이 늦어질 수 있습니다. 그러므로 법적 효력 있는 유언장(Will)을 미리 준비해 놓는 것이 장례를 진행하는데 많은 도움이 됩니다.

5 유산 편 마무리

우리 모두는 세상에 태어나서 삶을 살다가 한 사람도 예외 없이 언젠가는 가족 친지들과 이별을 하게 됩니다. 가족 친지들과 마지막 인사를 하고 주변 정리를 다 하고 나서 세상과 작별을 하면 참 좋은 일이지만, 그렇지 못한 경우가 대부분입니다. 여러분은 언젠가 세상과 이별을 할 때 내 주위에 어떤 일들이 벌어지는지 알고 계시나요? 내가 상속과 장례를 미리 준비해 놓지 않은 채 사망하면, 남겨진 가족에게 얼마나 많은 부담을 줄지 생각해 본 적 있으신가요? 또한 갑자기 건강을 잃어서 원치 않은 은퇴를 해야 한다면, 본인과 가족이 받는 고통에 대해서 생각해 본 적 있으신가요?

환자의 스트레스 관련 질병 위험을 측정하는 기준으로 유명한 Holms and Rahe Stress Scale에 의하면, 인생에 있어서 질병을 유발할 만큼 스트레스 받는 10가지 요소는 다음과 같다고 합니다.

Chapter 8-4
그림 1

❶ **Death of a spouse** (or child): 100. 배우자/자녀의 죽음

❷ **Divorce**: 73. 이혼

❸ **Marital separation**: 65. 별거

❹ **Imprisonment**: 63. 투옥

❺ **Death of a close family member**: 63. 친지의 죽음

❻ **Personal injury or illness**: 53. 질병

❼ **Marriage**: 50. 결혼

❽ **Dismissal from work**: 47. 해고

❾ **Marital reconciliation**: 45 재결합

❿ **Retirement**: 45. 은퇴

　가족의 죽음, 질병, 해고, 은퇴, 그리고 결혼생활에 관련된 일이 가장 스트레스 받는 일이라고 조사되었습니다. 이 중에 상속과 장례는 언젠가는 반드시 벌어질 일이므로, 아직 준비하지 않으셨으면 사랑하는 가족을 위해 준비해 놓으시기 바랍니다. 그리고 갑작스러운 질병이나 사고로 인한 수입 감소를 대비한 재정 계획도 꼭 해 놓으시기 바랍니다. PLANNING IS EVERYTHING 이란 말이 있듯이, 앞으로 벌어질 일을 대비해 미리 준비하는 것은 매우 중요한 일입니다.

EPILOGUE

언어와 문화가 다른 외국에서 생활 하는 것은 결코 쉬운 일이 아닙니다. 처음 좌충우돌 시기 수 년이 지나야만 어느정도 일상의 일들을 스스로 수습 할 수 있습니다.

20년 전 미국생활 시작 하였을 때를 돌이켜보면 적응하는데 스트레스가 이만저만 아니었습니다. 소셜 오피스에 방문해서 소셜 넘버 카드를 받았던 기억이 납니다. 인터넷 검색과 주변 한국 분들의 조언을 받아 나름 꼼꼼하게 준비해서 사무실에 방문했으나, 당시의 부족한 영어실력과 미국 생활의 무지로 인해 두 번 만에 겨우 소셜 넘버 카드를 받았습니다. 몇 주 후 회사 HR에서 직원의료보험과 401(k)에 대해 설명을 들었는데 무슨 말인지 하나도 이해를 못했었습니다. 그 다음 해 세금보고 처음 할 때는 이전 스트레스와는 비교가 되지 않을 정도로 훨씬 더 힘들었습니다. 당시 제가 뭔가를 실수해서 IRS로부터 수정 요청 편지를 받았는데, 그 문제를 해결 하는데 오랜 기간 괴로 왔던 기억이 아직도 생생하게 납니다.

미국 생활 짬 밥이 어느 정도 쌓이면 내 일상 범위의 생활 제도는

한권으로 이해하는 미국재정

이해하고 처리할 수 있습니다. 그러나 전체를 이해하고 나에게 맞는 계획을 세우려면 관련 미국 제도를 공부하지 않으면 안 됩니다. 저도 남들과 똑같은 과정을 겪으며 서서히 이해의 폭을 넓혔습니다. 8년 전부터 이 내용이 제 직업이 되면서 여러 사람들을 만나보니 많은 분들이 재정 교육을 제대로 받고 플랜을 세우고 싶어 한다는 것을 알게 되었습니다. 그래서 그분들에게 도움을 주고자 유튜브 방송을 시작하였고 그 내용을 한 권의 책으로 정리하게 되었습니다.

요즘 한국에는 금융 문맹을 깨우치는 책들이 많이 나왔습니다. 그러나 미국에서 생활하는 한인들에게는 미국 생활경제제도에 대한 이해가 우선입니다. 아무리 산행을 좋아하고 경험이 많아도 요세미티 국립공원에 여행하려면 미리 수많은 경로들을 면밀히 조사하고 나에게 적합한 경로를 선택해야 알찬 여행이 되지 않을까요? 저는 이 책에서 미국 생활에 필요한 여덟 가지 재정 제도에 대해서 한 권의 내용으로 설명 하였습니다. "구슬이 서 말이라도 꿰어야 보배"라는 말이 있듯이 여덟 가지 재정 제도를 잘 꿰어서 본인의 것으로 만들면 여러분의 재정은 더욱 튼튼해져서 훨씬 풍요 로운 미국생활을 누릴 것 입니다. 그리고 주변 사람들의 "~카더라" 통신과 가짜 뉴스에 흔들리지 않고 본인의 주관과 소신이 뚜렷해 질 것 입니다.

제 유튜브 방송에 출연하신 전문가님들께 감사드립니다. 그들의 알기 쉬운 설명은 내용을 정리하는데 많은 도움이 되었습니다. 이 책을 기획하고 완성하는 모든 과정을 코치해 주신 이 경희 선생님께 깊은 감사를 드립니다. 저에게 출판의 기회를 주시고 알맞게 편집해 주신 가나북스와 배수현 사장님께도 깊은 감사를 드립니다. 마지막 으로 누구보다도 저를 이해하고 격려와 충고를 아낌없이 주는 아버 지와 아내에게 깊은 감사를 드립니다.